Monika Kern

Wir basteln Holzspielzeug

Fahrzeuge

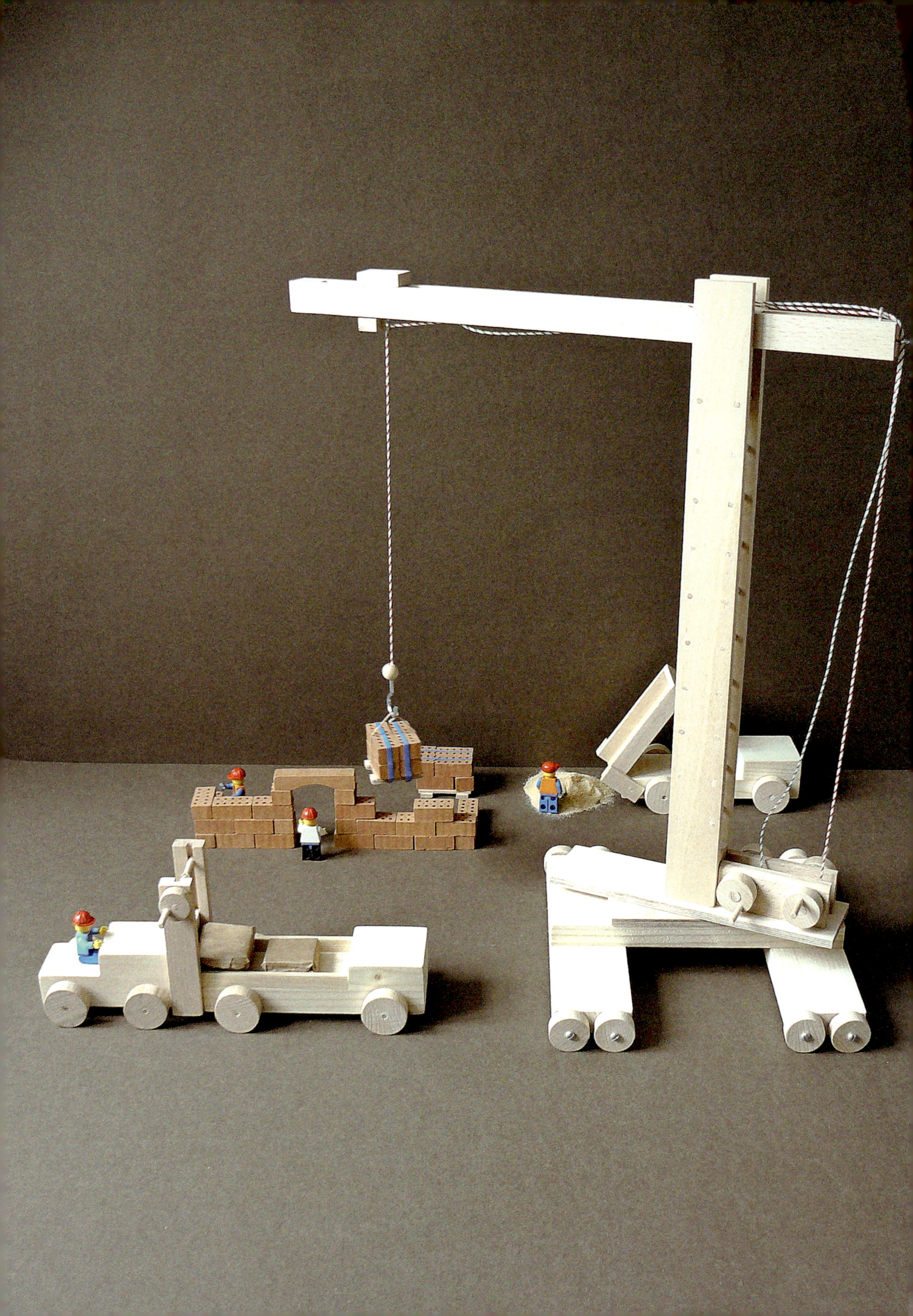

Monika Kern

Wir basteln Holzspielzeug

Fahrzeuge

194 Farbfotos

Ulmer

Werkzeuge, Werkstoffe, Arbeitstechniken

Mit ein wenig Geschick wird aus einer Tapezierrolle eine Straßenwalze.

Alle Kinder groß und klein fahren mit dem Schulbus heim.

Projekte

Service

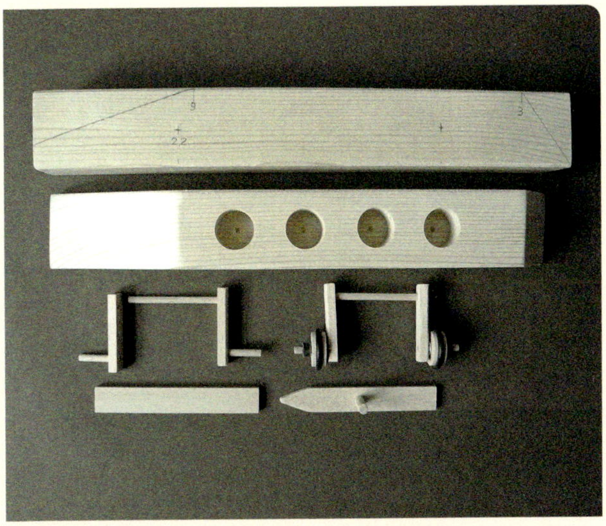

Schlittenauto oder wie man einem Auto das Skifahren lernt.

Farben machen Autos bunter.

Vorwort

Liebe Kinder, Eltern und Pädagogen,
dieses Buch möchte Anregungen geben zum kreativen Werken mit Holz. Holz ist der ideale Werkstoff für Kinderhände, bereits nach kurzer Anleitung ist das Material und seine Bearbeitung für Kinder gut handhabbar. Eigenes tätig werden ist ein Grundbedürfnis des Kindes. Das Buch regt zum Nacharbeiten aber auch zum Selbstentwerfen an. Anschließend darf gespielt werden. Das Basteln mit dem Naturstoff Holz fördert die ganzheitliche Entwicklung. Unter anderem wird die Auge-Hand-Koordination, Grob- und Feinmotorik, Vortsellungsvermögen, Geduld, Kraft und Geschick geübt und gelernt. Alle Arbeiten, die ich entworfen habe, sind aus der Praxis entstanden und für Kinder ab dem Grundschulalter geeignet. Die Arbeiten sind harmonisch, funktionell und zeigen das Wesentliche des jeweiligen Fahrzeuges. Jeder der dieses Buch zur Hand nimmt wird etwas finden, das er nachbauen möchte. Die bebilderten Schritt für Schritt-Anleitungen machen das Nacharbeiten leichter. Hilfreiche Tipps begleiten durch das Buch. Ich wünsche allen kleinen und großen Handwerkern viel Freude beim Sägen, Bauen und Spielen.

Landshut, im Sommer 2009 — Monika Kern

Die einzelnen Projekte sind nach dem Schwierigkeitsgrad markiert, fange mit Projekten mit einem Stern an. Erst später solltest du die mit zwei- und drei Sternen angehen:

* = einfach
** = nicht mehr ganz so einfach
*** = jetzt brauchst du aber schon Erfahrung

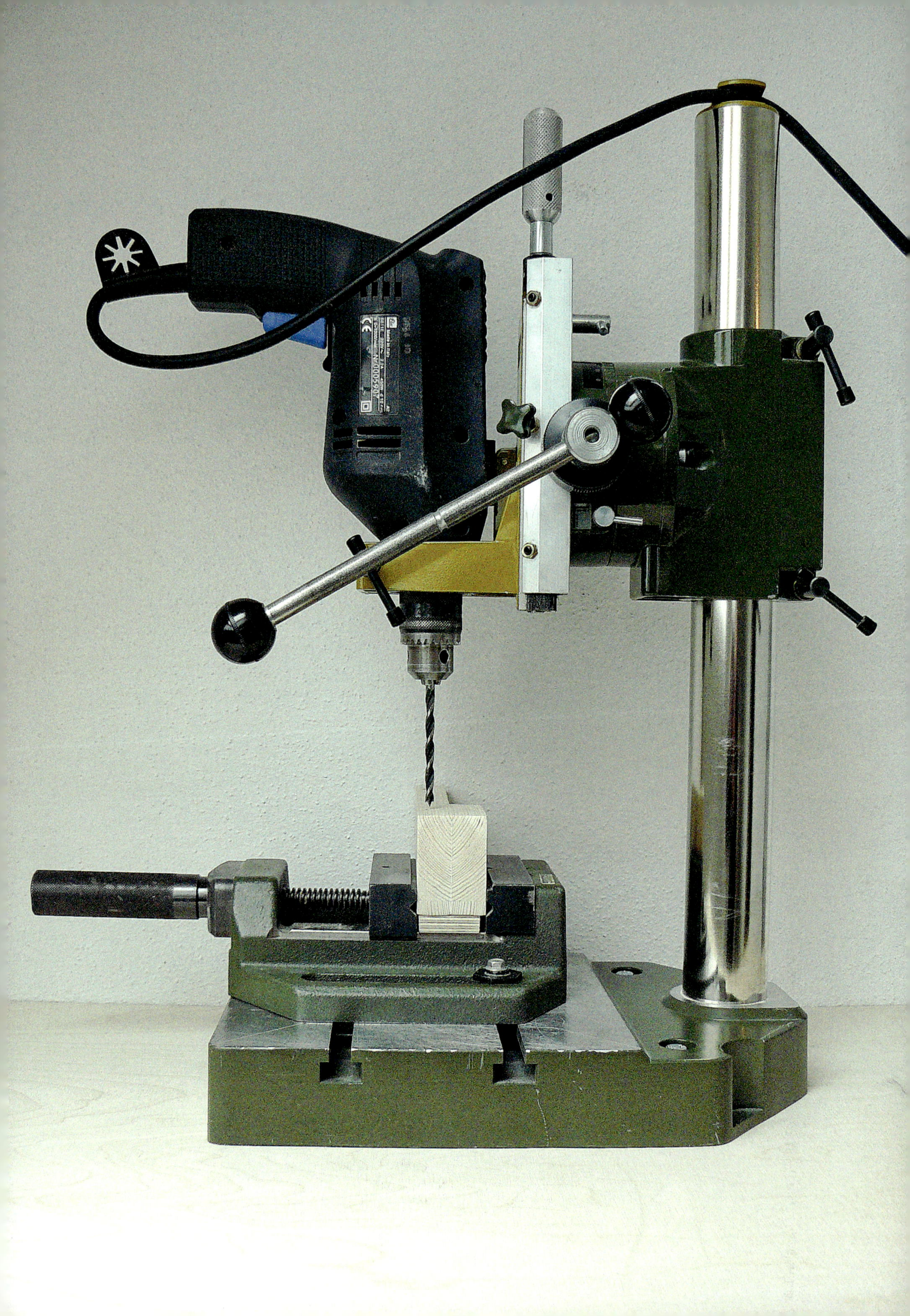

Werkzeuge, Werkstoffe, Arbeitstechniken

Auf den nächsten Seiten erfährst du alles Wichtige über Werkzeuge, Holz und Arbeitstechniken. Es ist sehr wichtig, dass du dir, bevor du zu arbeiten anfängst, alles genau durchliest. Dann wirst du dich viel leichter tun beim Nacharbeiten der Projekte. Die einzige elektrische Maschine, die du benötigst, ist eine Bohrmaschine. Idealerweise hast du einen Bohrständer dazu, dann kannst du sehr exakte Bohrungen machen. Das wichtigste Handwerkszeug für alle Arbeiten in diesem Buch ist die Japansäge. Je mehr du arbeitest und je öfter du das Werkzeug benützt, desto geschickter und erfahrener wirst du werden.

Die Werkstatt

Wo kannst du arbeiten

Bevor du mit dem Arbeiten anfangen kannst solltest du dir Gedanken darüber machen, wo du bei euch Zuhause Platz zum Arbeiten hast. Ideal wäre ein eigener Platz im Keller oder auf dem Dachboden. Vielleicht haben deine Eltern schon einen Hobbyraum oder eine Werkstatt, dann kannst du ja gleich anfangen. Wenn du diese Möglichkeit nicht hast, kannst du vielleicht in einer Ecke der Diele oder im Kinderzimmer einen Platz freimachen. Dann musst du aber daran denken, dass du dort besonders auf Ordnung und Sauberkeit achtest.

Wie sieht der Arbeitsplatz aus

Ein Tisch als Arbeitsplatz

Das wichtigste in der Werkstatt ist der Arbeitsplatz, an dem du das Holz bearbeitest. Wenn noch keine Ausstattung vorhanden ist und ihr einen alten, stabilen Tisch habt, der sonst nicht mehr benötigt wird, kannst du den nehmen.
Bedenke aber, dass du das Holz ohne Hilfsmittel nicht am Tisch befestigen kannst. Du brauchst dann einen Schraubstock, der fest auf dem Tisch montiert wird oder du kannst das Holz auch mit Schraubzwingen am Tisch befestigen (Bild 1).
Werkbänke dagegen haben bereits Vorrichtungen zum Einspannen des Holzes.
Auch die Schneidlade kannst du am Tisch mit einer Schraubzwinge befestigen (Bild 2).

Eine zusammenklappbare Werkbank (Bild 3)

Sehr praktisch und Platz sparend sind zusammenklappbare Werkbänke. Sie sind auch nicht sehr teuer. Sie haben Vorrichtungen zum Einspannen des Holzes. Bevor du das Holz bearbeitest, musst du es nämlich auf alle Fälle einspannen.

1

2

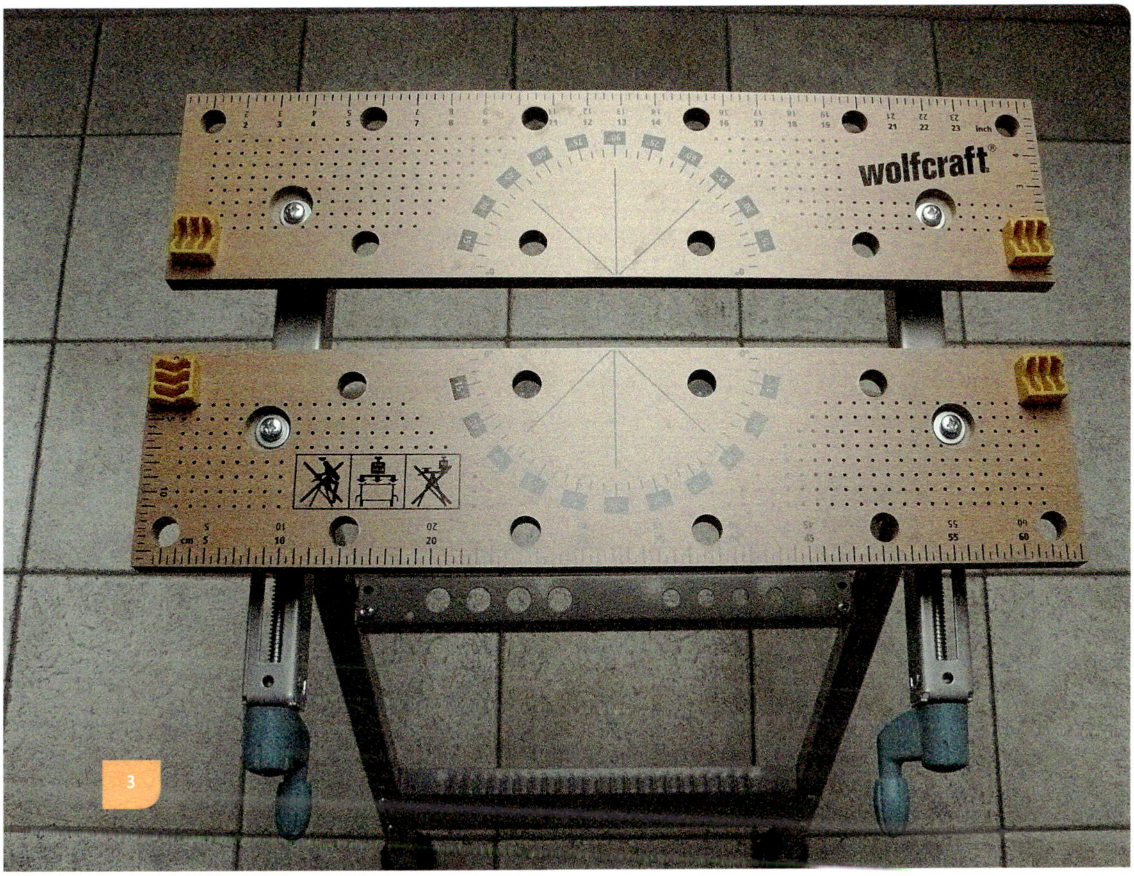

3

Mit den Kurbeln vorne am Tisch kannst du die beiden Werkbankteile zusammen oder auseinander bewegen. Dazwischen kann dann das Holz oder die Schneidlade gespannt werden. In die Löcher der Werkbank können Spannteile eingefügt werden, die das Werkstück ebenfalls festhalten. Die Werkbank ist sehr stabil, so dass du auch darauf hämmern kannst.

Wo wird das Werkzeug aufbewahrt (Bild 4)

Du brauchst einen Platz für das Werkzeug. Dabei sollte aber nicht alles in einer Werkzeugkiste liegen. Besser ist es, das Werkzeug in einem Werkzeugschrank, einem Regal oder an Wandhalterungen aufzubewahren. Wenn du dein Werkzeug pflegst und in Ordnung hältst, wirst du lange Freude daran haben.

Gutes Werkzeug ist nicht billig, außerdem gewöhnt man sich an diese Arbeitsgeräte und möchte sie nicht einfach durch andere ersetzen.

Gerade Messgeräte und Sägen leiden sehr schnell unter schlechter Aufbewahrung. Sie verbiegen und Zähne brechen ab.

Mit kaputtem Werkzeug kannst du nicht gut arbeiten.

4

5

Schmutz und Staub (Bild 5)

Da beim Arbeiten mit Holz immer viel Sägemehl anfällt, sollte schon vor Beginn der Arbeit auch daran gedacht werden.

Grober Schmutz kann natürlich weg gekehrt werden, feiner Staub muss aber abgesaugt werden. Denn beim Kehren wirbelt man den Staub auf und atmet ihn sonst ein, was nicht gesund ist.

Mit einem Staubsauger kannst du deinen ganzen Arbeitsplatz sauber halten.

Nach dem Bohren, Sägen und Schleifen saugst du mit der feinen Düse allen Staub von der Werkbank und deinem Werkstück. Mit der Bodendüse machst du den Fußboden wieder sauber.

Am besten saugst du zum Schluss deine Schuhe ab. So trägst du den Staub nicht in andere Räume.

Das Werkzeug

Messwerkzeuge

Es beginnt immer mit dem Messen und Anzeichnen. Wenn du ein gutes Ergebnis möchtest ist es wichtig, sehr genau zu messen und anzuzeichnen.
Dazu brauchst du einen spitzen Bleistift, ein Lineal 30 cm lang, ein Geodreieck und einen Anschlagwinkel (Bild 6).
Beim Geodreieck befindet sich die Null nicht am Anfang des Lineals, sondern in der Mitte. Von der Mitte aus muss nach links und rechts die Strecke gleich lang sein, dann hast du die Mitte (Bild 7).
Das Werkstück ist 5 cm breit, die Mitte ist bei 2,5 cm. Lege den Winkel mit dem Anschlag genau an die Holzkante und zeichne die Linie dann mit dem Bleistift auf dem Holz entlang der Zunge an (Bild 8).

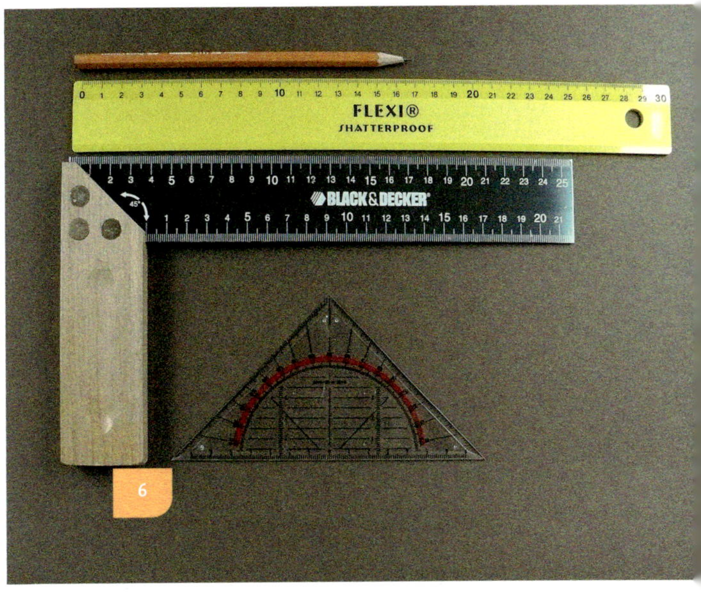

6

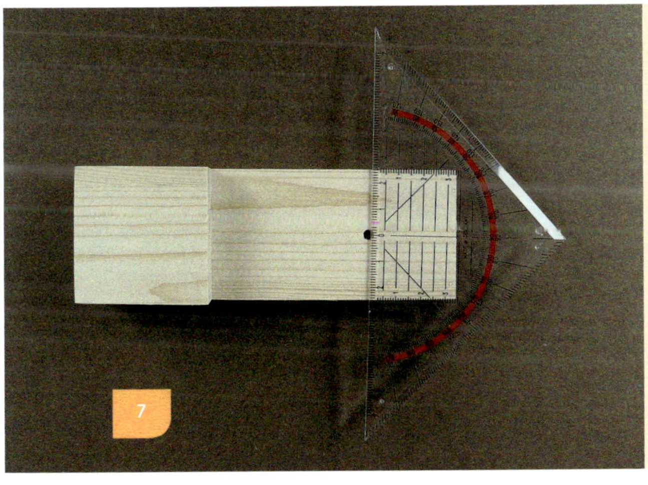

7

Tipp

Mit dem Geodreieck kannst du sehr gut kleine Maße aufzeichnen und die Mitte einer Strecke ermitteln.

Tipp

Der Anschlagwinkel hilft dir, eine gerade rechtwinkelige Linie aufzuzeichnen.

8

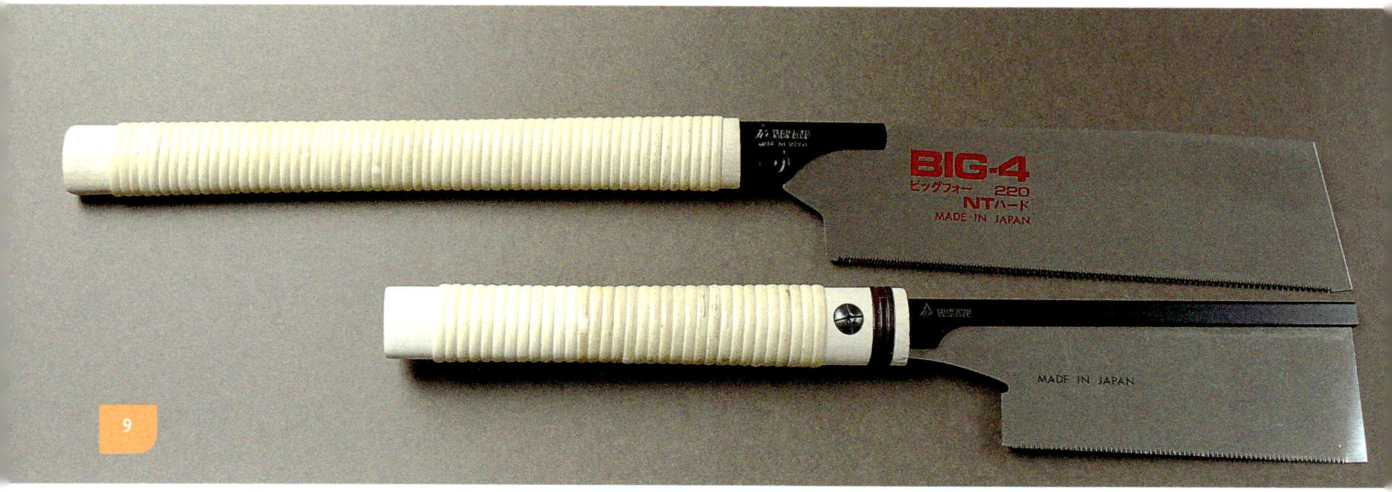

9

KATABA – Sägen ohne Rücken, sie erlauben sehr tiefe Schnitte in das Holz.
DOUZUKI – Sägen mit Rücken, sie arbeiten besonders präzise.

Die Japansäge (Bild 9)

Mit Sägen kannst du Holz und andere Materialien trennen.
Die Japansäge brauchst du für dickes Holz genauso wie für dünne Leisten (du brauchst diese Säge für alle Arbeiten).
Die Japansäge ist eine Zugsäge. Bei Zugsägen zeigen die Zähne zum Sägegriff. Du musst in die Richtung arbeiten, in welche die Zähne zeigen. Die Säge schneidet nur bei der Zugbewegung, darum darfst du beim Sägen keinen Druck nach vorne ausüben und nie auf Stoß arbeiten. Nimm die Säge in die Hand und ziehe sie in deine Richtung durch das Holz. Wenn du sie wieder nach vorne bewegst, machst du es ohne Kraft und Druck.
Durch den langen Griff, den Japansägen haben, lassen sie sich gut ausbalancieren.
Durch die Funktion auf Zug und die scharfen Zähne schneiden sie ermüdungsfrei und ohne Kraftaufwand.
Die Sägen sind für Weich- und Hartholz gleichermaßen geeignet.
Die Japansäge hat sehr scharfe Zähne. Darum sollst du Arbeitshandschuhe tragen, um das Verletzungsrisiko zu minimieren. Arbeitshandschuhe gibt es in verschiedenen Kindergrößen in Baumärkten und im Fachhandel (Bild 10).

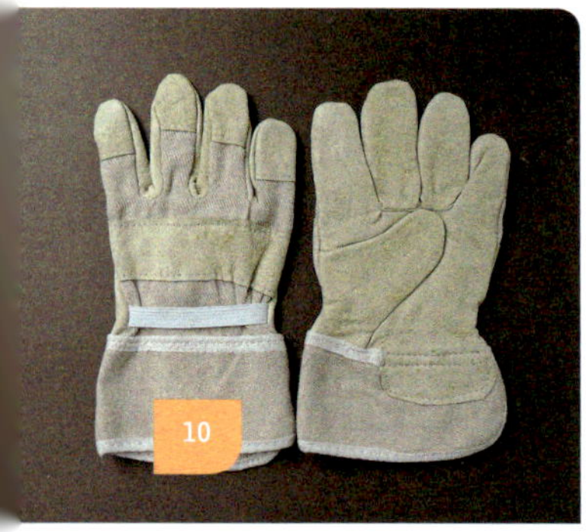

10

Tipp

Die Arbeitshandschuhe schützen deine Hände!

Die Schneidlade

Die Schneidlade ist eine Sägehilfe (Bild 11).
Es gibt verschiedene Schneidladen. Sie können verschiedene Breiten und Höhen haben. Es gibt sie in Holz, Metall oder Kunststoff.
Die Obere ist aus Buchenholz, hat einen Anschlag und zwei Spannhilfen, um das Holz fest zu halten.
Die Untere ist aus Multiplex und hat keine Spannhilfe.
Alle Schneidladen führen die Säge senkrecht und gerade durch das Holz. Der Anschlag hält die Schneidlade an der Werkbank, so musst du sie nicht zusätzlich einspannen. Lege das Holz in die Lade und befestige es mit der Spannhilfe. Nun kannst du mit der linken Hand die Lade gegen die Werkbank drücken und mit der Rechten sägen. Mit dieser Sägehilfe kannst du nicht nur 90 ° sondern auch 45 ° Winkel sägen (Bild 12, 13 und 14).
Schneidladen ohne Anschlag musst du in der Werkbank einspannen oder am Tisch mit einer Schraubzwinge befestigen.

11

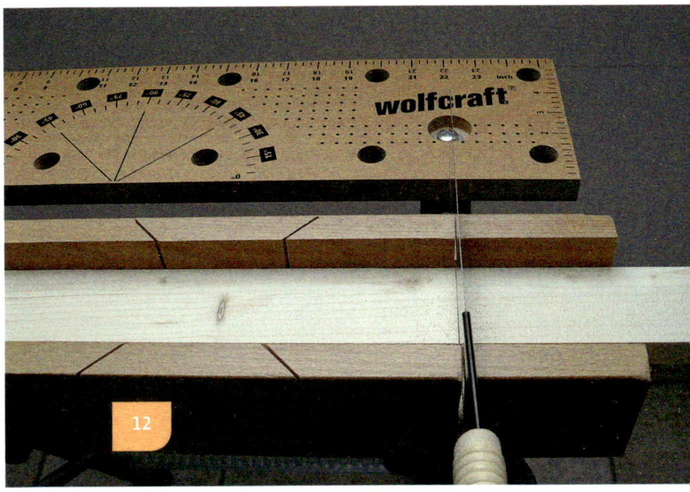

12

13

14

15

Da sie keine Spannhilfe hat, kann das Holz mit einer Schraubzwinge vor Verrutschen gesichert werden. Du darfst die Schraubzwinge aber nie direkt auf dem Holz befestigen, weil das Druckstellen gibt. Lege immer ein Resteholz als Zulage unter. Es ist aber auch möglich das Holz mit der Linken an die Wand der Schneidlade zu drücken. Da die Lade eingespannt ist, hast du die Hand ja frei.

Wenn du einen anderen Winkel als 45 ° sägen musst, hilft dir die Schneidlade nicht. Dann spannst du das Holz so in die Werkbank, dass du die Säge gut durch das Holz ziehen kannst (Bild 15).

Probier aus, mit welcher der Sägen du am besten klar kommst. Die Rückensäge kann nicht so tief in das Holz sägen wie die ohne Rücken und auch für viele Schneidladen kannst du sie nicht verwenden.

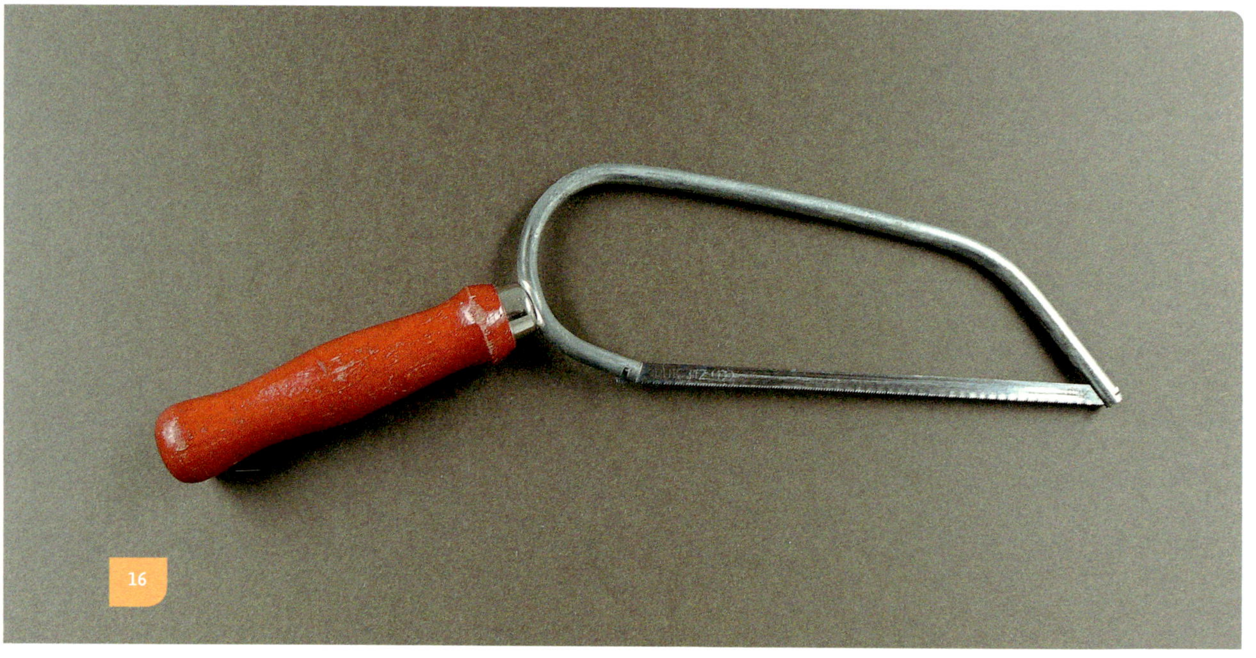

16

Die Bügelsäge („Puksäge“) (Bild 16)

Die Bügelsäge kannst du zum Sägen von kleinen Leisten und Rundhölzern benützen.
Du kannst aber auch für diese feinen Arbeiten die kleine Japansäge mit Rücken nehmen.
Du kannst sie vor allem für die Rundhölzer mit 4 mm ∅ verwenden
Auch die Bügelsäge ist eine Zugsäge. Für die Bügelsäge gibt es verschiedene Sägeblätter mit feiner oder grober Zahnung. Da wir sie für sehr feines Holz verwenden, solltest du immer feine Sägeblätter einspannen, die eigentlich für Metall verwendet werden.

Was ist beim Sägen wichtig

Wenn du ein Stück Holz mit der Säge trennst und du beide Holzstücke brauchst, sollst du immer genau auf der Linie sägen.
Sägst du aber ein Stück ab und brauchst das andere nicht, sägst du direkt neben der aufgezeichneten Linie im Abfallholz.
Beim Sägen ohne Schneidlade ist es ganz wichtig, dass du das Holzende, das nicht eingespannt ist, zum Schluss des Sägens mit der freien Hand hältst, sonst splittert das Holz sehr leicht ab.
Versuche die Säge beim Schneiden immer senkrecht und gerade zu halten. Du wirst merken, dass dann das Sägen auch viel leichter geht, weil sich die Säge so nicht verkantet.
Wenn du die Schneidlade benützen kannst, solltest du das auch machen, denn sie führt die Säge gerade und senkrecht. Besonders wenn Teile anschließend durch Leim verbunden werden ist es wichtig, dass die Sägekanten gerade sind.
Durch das Sägen mit der Schneidlade wirst du auch immer mehr ein Gefühl für das richtige Sägen bekommen.

Raspeln und Feilen

Raspeln und Feilen formen das Holz
Raspeln haben einzeln stehende Zähne und sie nehmen grobe Spänne ab.
Feilen haben durchgehende Zahnreihen und heben nur sehr fein Holz ab (Bild 17 und 18).
Es gibt auch Raspel und Feile in einem Werkzeug, dabei ist eine Seite die Raspel und die Andere die Feile.
Spanne das Holzstück vor dem Bearbeiten immer erst ein.
Auf dem ersten Bild siehst du ein Werkstück, unten vor dem Bearbeiten mit der Raspel und oben nach dem Bearbeiten mit Raspel und Feile (Bild 19).
Auf dem zweiten Bild siehst du, wie man die Raspel hält. Der Zeigefinger liegt auf dem Feilenblatt und dient als Führungshilfe (Bild 20).
Du kannst aber auch beide Hände zum Arbeiten nehmen. Dabei hält eine Hand den Feilengriff und die Andere liegt vorne auf dem Feilenblatt.
Führe bei der Arbeit immer nur bei der Vorwärtsbewegung Druck aus, weil Feile und Raspel auf Stoß arbeiten.
Nach dem groben Raspeln drehst du das Werkzeug um und benützt die Feilenseite, um die Oberfläche glatt zu machen.

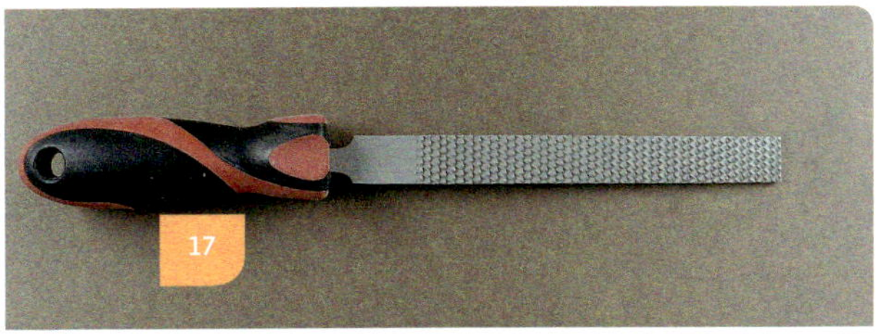
17

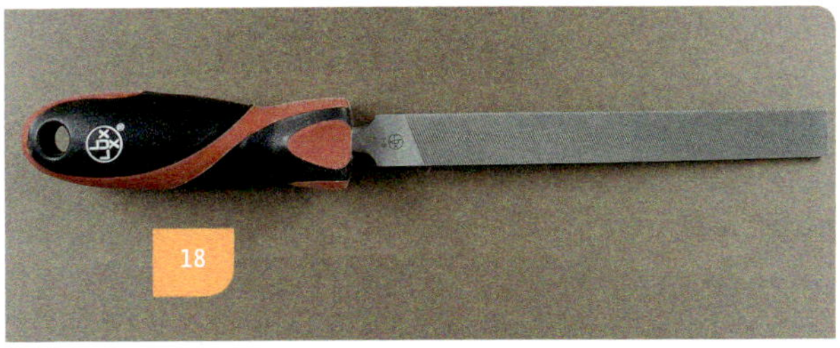
18

19

20

Tipp

Mit einer Raspel kannst du Ecken runden und unschöne Spuren in der Oberfläche des Holzes beseitigen. Diese Spuren können zum Beispiel beim Sägen entstehen. Du kannst aber auch, wie du bei den Autos siehst, dem Holz seine endgültige Form geben. Das ist nötig, da du mit der Säge ja keine Rundungen schneiden kannst.

21

22

23

24

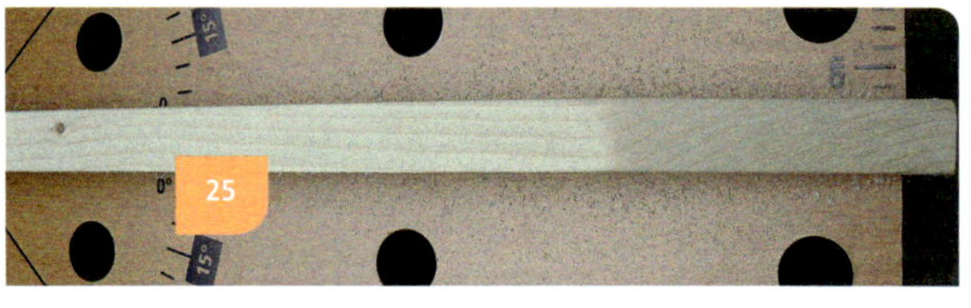
25

26

Tipp

Schleifklötze kann man auch selbst herstellen, in dem man einen Holzklotz mit Kork beklebt.

Schleifpapier und Schleifgewebe

Schleifpapier und Schleifgewebe behandeln die Oberfläche des Holzes. Sie machen das Holz glatt und können Kanten und Ecken abrunden.
Schleifgewebe ist viel länger einsatzfähig als das Papier und kostet nicht viel mehr. Darum solltest du dir Schleifgewebe kaufen (Bild 21).
Schleifgewebe gibt es in verschiedenen Körnungen: grob, mittel, fein und sehr fein. Du brauchst es in Körnung 80, 120 und 180. Die Körnungsnummer, die auf der Rückseite steht, gibt an wie viele Schleifkörner sich auf einem Quadratzentimeter befinden. Um so kleiner die Nummer ist, desto größer und gröber sind die Körner. Grobes Papier nimmt mehr Holz weg und hinterlässt eine raue Oberfläche. Feines Papier macht das Holz glatt und glänzend.
Das Schleifgewebe wird um einen Schleifklotz gewickelt.
Schleife immer nach Möglichkeit in die Faserrichtung des Holzes, sonst kann die Oberfläche Kratzer durch die Schleifkörner bekommen. Puste den feinen Schleifstaub nie weg, denn er könnte ins Auge gehen!
(Bild 22, 23, 24, 25 und 26)

Tipp

Holz ist nach dem Sägen rau und Holzfasern stehen ab, durch das Schleifen wird es glatt und Kanten werden gebrochen.

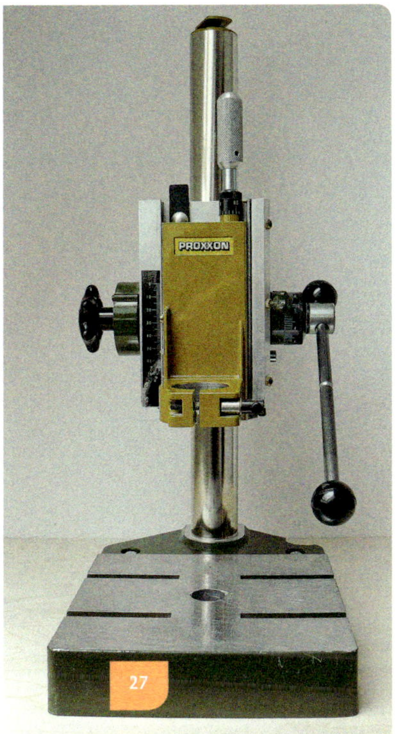

27

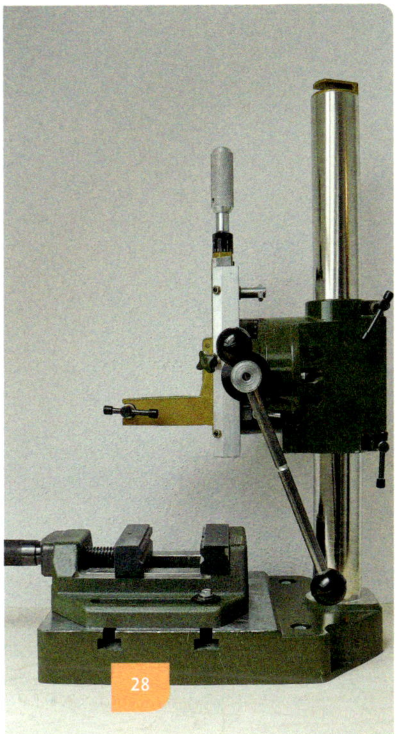
28

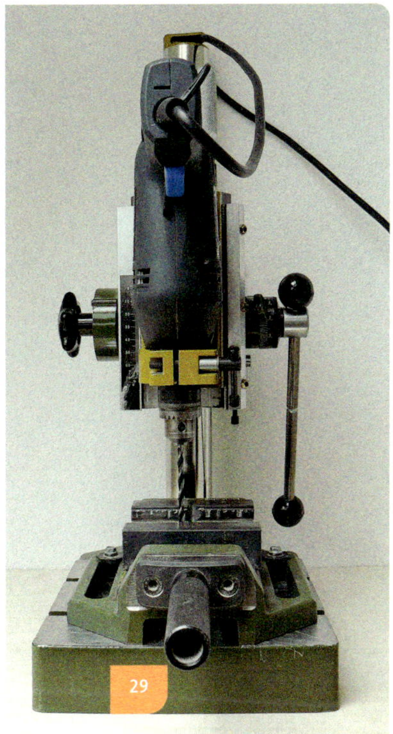
29

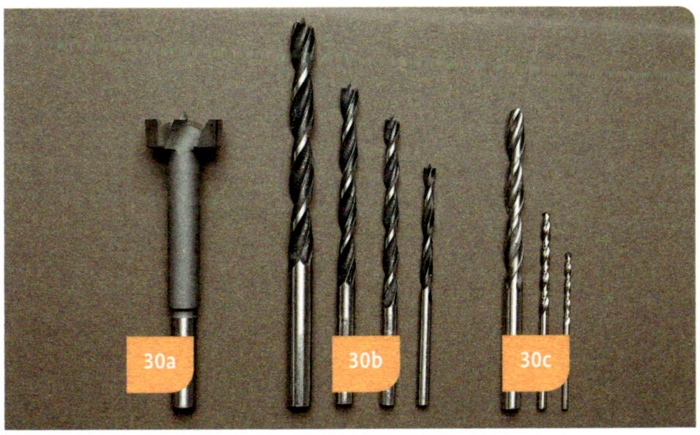
30a 30b 30c

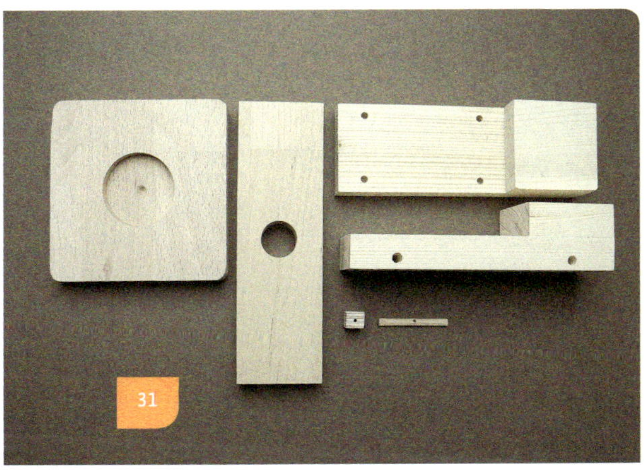
31

Bohrständer, Bohrmaschine und Bohrer

Um exakt bohren zu können brauchst du eine Tischbohrmaschine oder einen Bohrständer für die Bohrmaschine.

Natürlich brauchst du auch noch Bohrwerkzeuge zum Bohren.

Bohrer gibt es in verschiedenen Größen und Arten für verschiedene Materialien und Zwecke.

Spiralbohrer gibt es auch in zehntel Millimeter Abstufungen, z. B. 4,2 mm. Diesen Bohrer brauchst du sehr häufig.

In das erste Werkstück wurde mit dem Forstnerbohrer eine Mulde 4 cm ∅ gebohrt.

In das zweite Werkstück wurde eine durchgehende Bohrung 2 cm ∅ mit dem Forstnerbohrer gemacht.

Im dritten Werkstück siehst du Bohrungen mit dem Holzspiralbohrer 4 mm ∅, 1 cm tief.

Das vierte Werkstück hat zwei Durchgangsbohrungen 5 mm ∅.

Die beiden kleinen Bohrungen wurden mit einem 1,5 mm Spiralbohrer gebohrt (Bild 31).

Bohrständer (Bild 27)
Bohrständer mit Maschinenschraubstock (Bild 28)
und Bohrmaschine (Bild 29)
Forstnerbohrer nur für Holz (Bild 30a)
Holzspiralbohrer nur für Holz (Bild 30b)
Spiralbohrer für Holz, Kunststoff und Metall (Bild 30c)

32

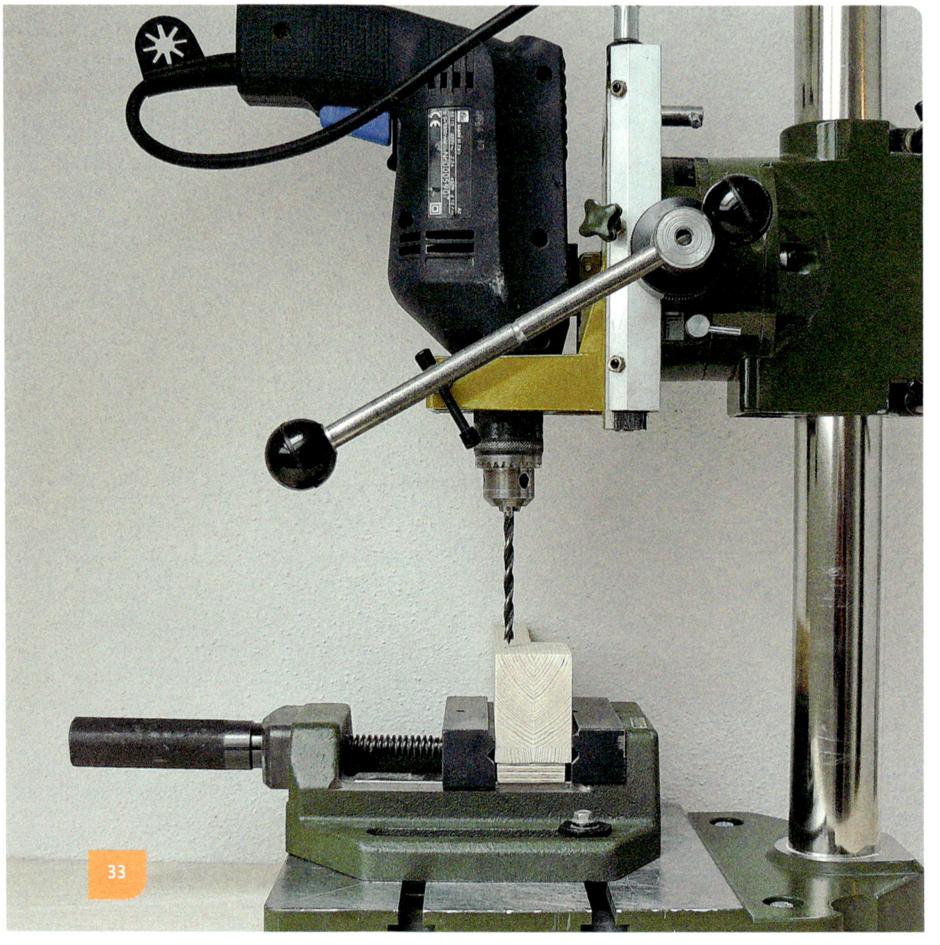

33

Tipp

Kleinere Werkstücke nie in der Hand halten, sondern in den Maschinenschraubstock einspannen.

34

Auf was achtest du beim Bohren? (Bild 32, 33 und 34)

Beim Bohren hältst du kleinere Werkstücke nie in der Hand, du spannst sie in den Maschinenschraubstock ein oder hältst sie mit einer Zange fest. Der Maschinenschraubstock hält das Werkstück auch gerade. So kommst du auch gerade durch das Holz. Besonders beim Bohren der Achslöcher ist das ganz wichtig.

Wenn du ein Holz ganz durchbohren musst, dann musst du unter das Werkstück eine Zulage legen. Diese Zulage verhindert, dass das Holz an der Bohrstelle unschön aussplittert und dass du in den Schraubstock bohrst.

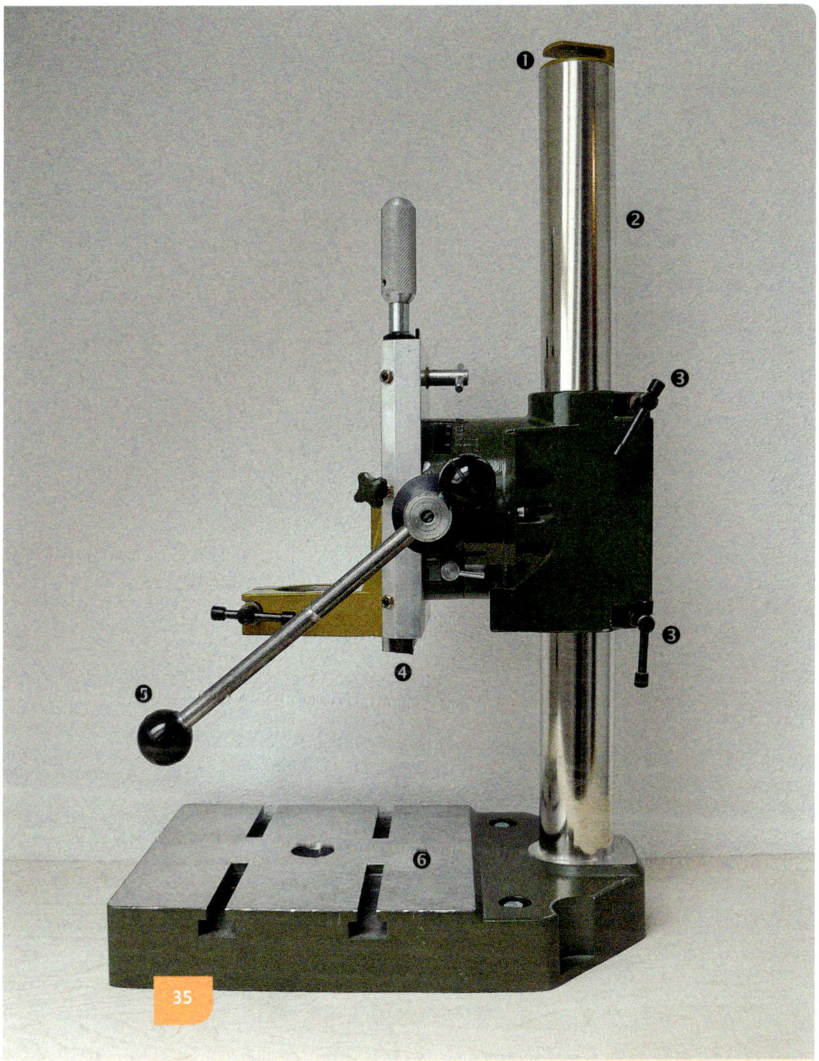

Aus welchen Teilen besteht ein Bohrständer? (Bild 35)

❶ Kabelhalter (damit das Kabel nicht in den Bohrer kommt).

❷ Säule (an der Säule kannst du die Bohrvorrichtung nach oben und unten bewegen).

❸ Feststellknebel (durch das Festdrehen der beiden Knebel bleibt die Bohrvorrichtung in der eingestellten Höhe).

❹ Schlitten mit Bohrmaschinenaufnahme und Feststellknebel (durch festdrehen des Knebels bleibt die Bohrmaschine in der Aufnahme).

❺ Bohrhebel (der Bohrhebel bewegt den Schlitten mit der Bohrmaschine nach unten und oben).

❻ Arbeitsplatte (an den Nuten der Arbeitsplatte kann der Maschinenschraubstock befestigt werden).

36

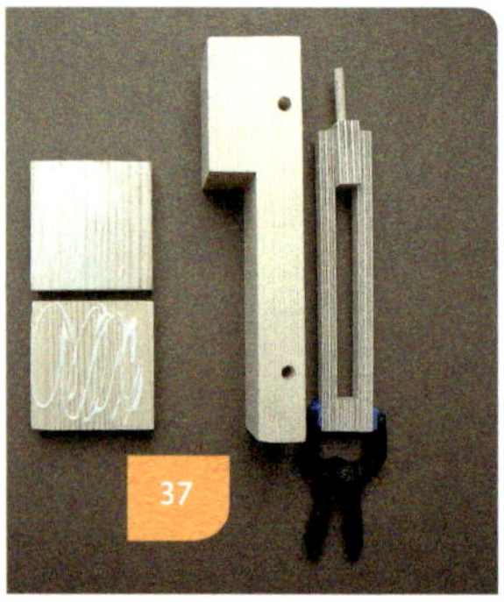
37

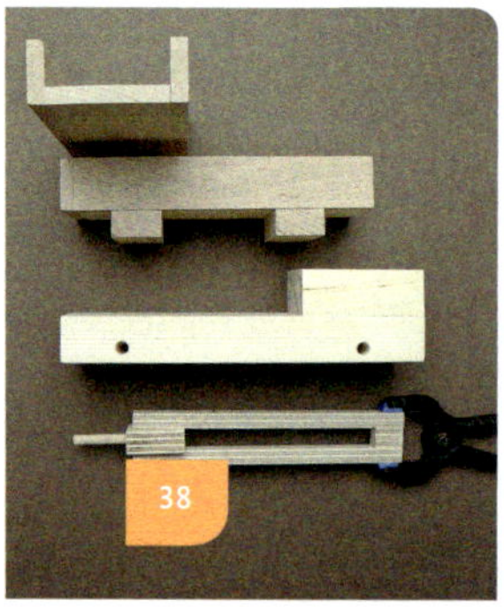
38

39

40

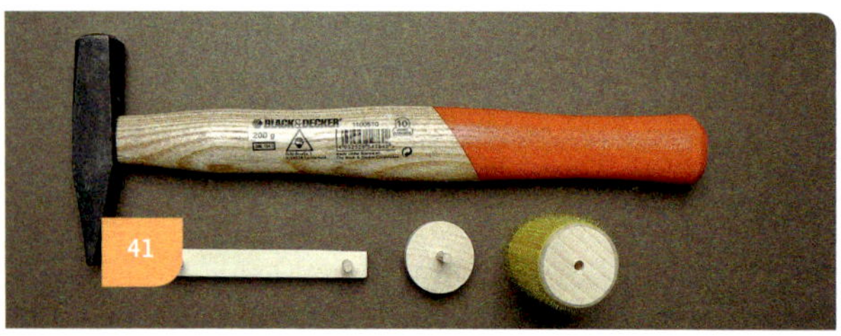
41

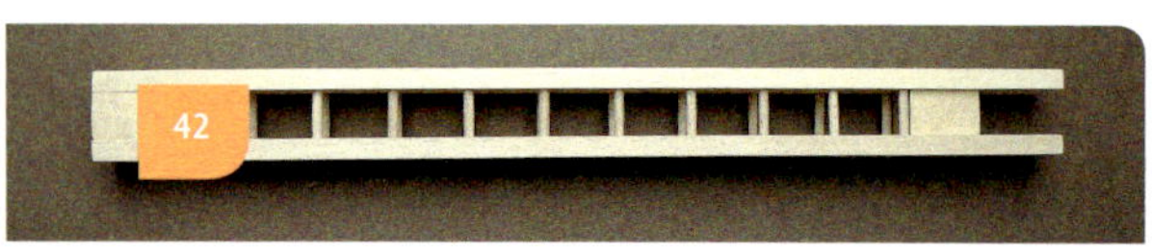
42

Holz verbinden

Leimen

Leimen ist die einfachste Art Holz zu verbinden (es ist aber dann unlösbar miteinander verbunden).
Leimverbindungen halten besser, wenn sie gepresst werden.
Leim wird im Handel in drei Sorten angeboten (Bild 36):
Normaler Holzleim
Express Holzleim, er wird sehr schnell fest und du hast keine lange Wartezeit.
Wasserfester Holzleim, die Holzteile sind wasserfest verbunden, man verwendet ihn im Außenbereich und für den Schiffsbau.

So leimst du (Bild 37 und 38)
Nimm wenig Leim und verstreiche ihn gleichmäßig auf der ganzen Fläche.
Leimverbindungen auf kleinen Flächen musst du mit Leimklammer oder Schraubzwinge pressen. Oder du spannst das Werkstück in die Werkbank ein (Bild 39).
Großflächige Verbindungen musst du nicht unbedingt pressen, die Verbindung hält aber schneller und besser, wenn du es machst.
Wische Leim, der daneben läuft, sofort ab.
Bearbeite das Werkstück erst weiter, wenn die Abbindzeit vorbei ist.
Abbindzeit: Normaler Leim, ca. 20 Min.
Express Leim, ca. 5 Min.
Prüfe vor dem Pressen, ob alles richtig zusammen liegt.

Dübeln

Mit Dübeln kann eine Leimverbindung noch zusätzlich verstärkt werden und ist dann belastbarer. Verbindet man Holz mit Dübeln ohne zu leimen, hat das den Vorteil, dass die Verbindung durch entfernen der Dübel wieder gelöst werden kann.
Um eine Dübelverbindung herzustellen, brauchst du Bohrer und Hammer (Bild 40 und 41).
Der Dübel ist ein Rundholz aus Buche. Fertige Dübel sind geriffelt, wir werden aber nur Rundhölzer ohne Riffel verwenden, überwiegend mit 4 mm ∅. Die Holzräder werden wir fast ausschließlich mit 4 mm Rundhölzern befestigen. Die meisten Holzräder haben bereits eine Mittelbohrung von 4 mm ∅. Ist die Bohrung kleiner, musst du sie mit 4 mm größer bohren.
Nach dem Bohren hämmerst du das passend gesägte Rundholz mit dem Hammer in die Bohrung. Auf diesem Bild siehst du ein Werkstück (senkrechter Mast des Kran) das mit vielen Dübeln verbunden ist (Bild 42).

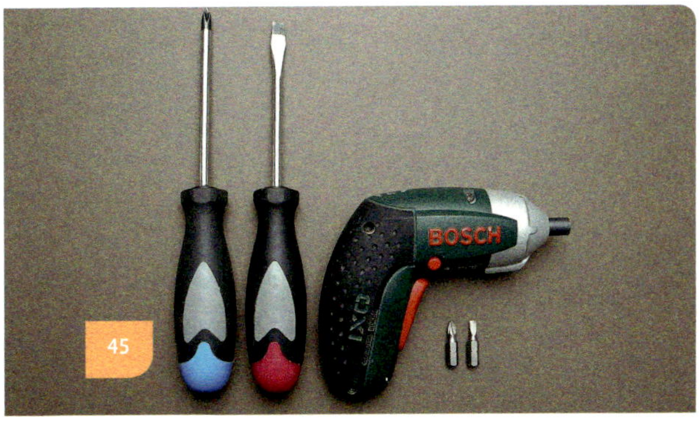

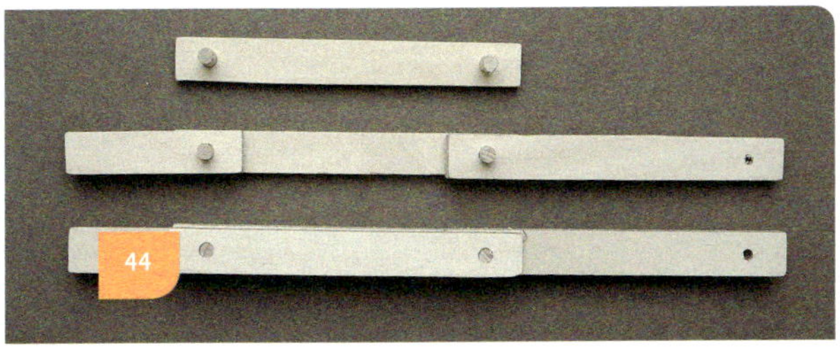

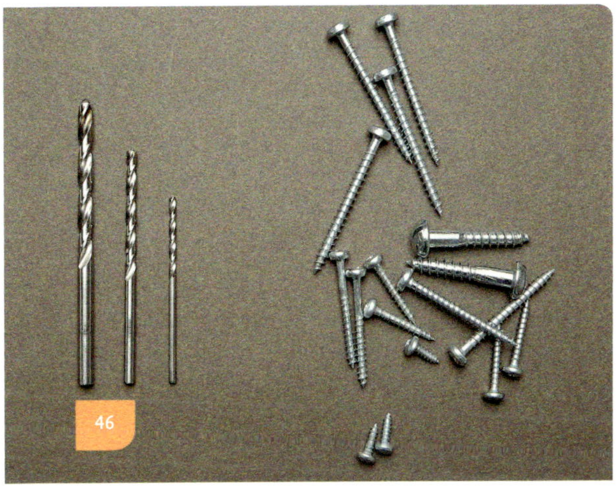

Dabei sind die Dübel nicht nur Verbindungselement sondern auch Gestaltungselement.
Damit die Bohrungen für die Dübel übereinstimmen, musst du beide Teile übereinander liegend bohren.
Ausleger von Fahrzeugen sollen beweglich sein. Dabei werden die außenliegenden Teile mit 4 mm gebohrt, so dass die Dübel fest sitzen. Die innenliegenden Teile bohrt man dagegen mit 4,1 oder 4,2 mm, so dass sie sich bewegen lassen (Bild 43 und 44).

Schrauben

Schrauben können Holzteile dauerhaft verbinden, sie sind sehr belastbar und können jederzeit leicht gelöst werden.
Um eine Schraubenverbindung herzustellen, brauchst du Bohrer, Schrauben und ein Schraubwerkzeug. Das können Schraubendreher oder Akku-Schrauber und Bits sein (Bild 45 und 46).
Die Holzräder oder ein Ausleger können gut mit Halbrund-Holzschrauben befestigt werden (Bild 47).
Bevor du die Schraube in das Holz drehen kannst, musst du vorbohren. Die Bohrung sollte immer einen bis einen halben Millimeter kleiner sein als der Durchmesser der Schraube. Halbrund-Holzschrauben können einen Längs- oder Kreuzschlitz haben. Du musst dann den entsprechenden Schraubendreher oder Bit aussuchen.

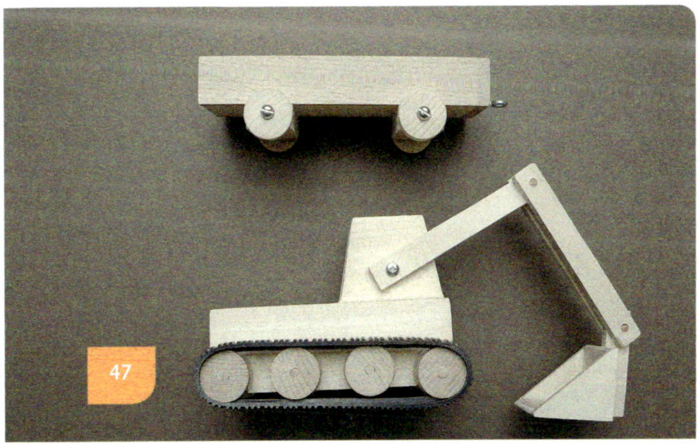

Tipp

Wenn du keinen Bohrständer oder eine Tischbohrmaschine hast, kannst du alle Räder mit Schrauben befestigen. Du musst dann nämlich keine Achsbohrung durch das ganze Fahrzeug machen.

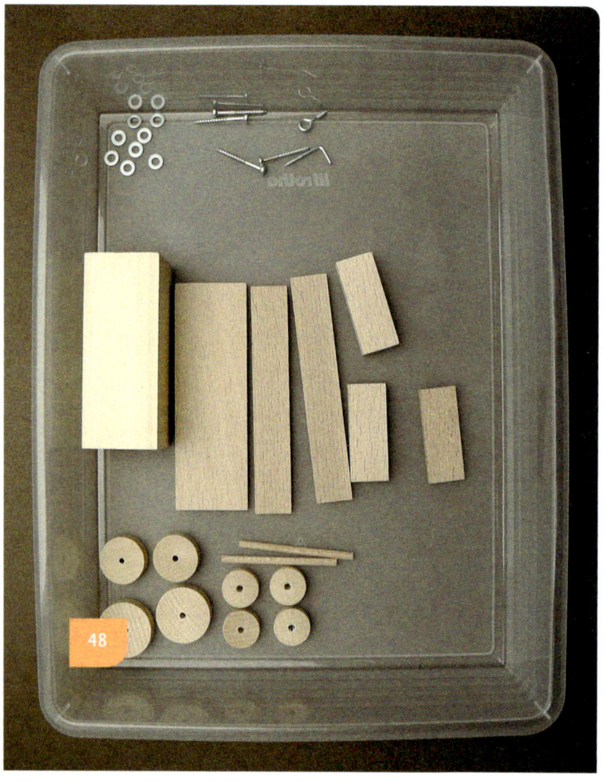

Material für Traktor mit Anhänger.

Wichtig zu wissen

Säge immer erst alle Holzteile zurecht und richte die anderen Teile wie Räder und Schrauben her.
Halte immer einen alten Lappen für Leim und den Staubsauger für Staub und Schmutz bereit.
Geh vorsichtig und achtsam mit Werkzeug um.
Ziehe zum Sägen mit der Japansäge die Arbeitshandschuhe an.
Wenn du mit dem Buch zu arbeiten beginnst, beginne mit den leichteren Werkstücken, denn man lernt vor allem durch das Arbeiten.
Die Anleitungen zeigen dir Schritt für Schritt, was du machen musst.
Hast du schon einige Fahrzeuge gebaut, kannst du natürlich auch eigene Ideen verwirklichen.
Wenn du das Buch durchblätterst, wirst du merken, dass ich Farbe sehr vorsichtig einsetze. Da Holz eine wunderbare natürliche Schönheit besitzt, finde ich es fast immer natur auch am schönsten. Bei manchen Fahrzeugen bietet sich die Farbe aber als zusätzliches Gestaltungsmittel an. Du siehst auf den Bildern dann meistens beide Möglichkeiten und kannst dich dann selbst für das Eine oder Andere entscheiden.

Holzarten

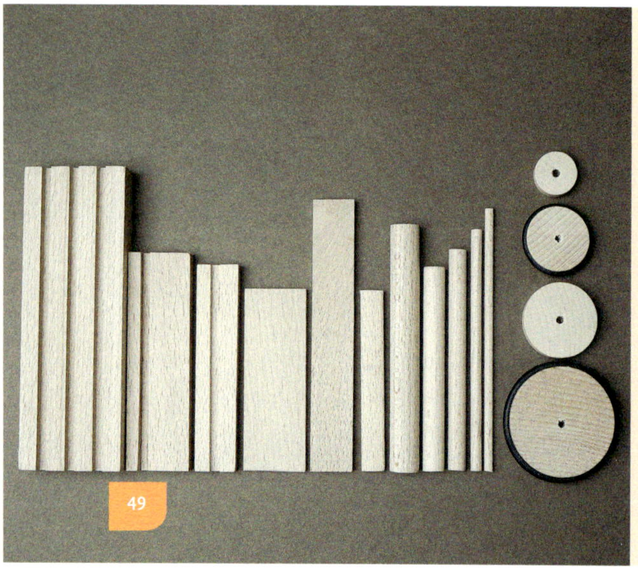

Buche

Buche ist ein hartes schweres blassbraunes Holz, dass durch Dämpfung eine rötliche Färbung bekommt. Es ist sehr splitterfest und hat eine feine gleichmäßige Struktur. Dies macht es zum idealen Werkstoff für Leisten, Nutleisten, Rundhölzer und Räder. Holzräder aus Buche gibt es mit oder ohne Gummireifen.
Massives Buchenholz werden wir nicht verwenden, weil es sehr schwer zum Bearbeiten ist.
Fertige Holzspielsachen sind aber häufig aus Buchenholz, weil es sehr belastbar ist.
Die Leisten und Rundhölzer bekommst du im Baumarkt. Holzräder gibt es aber dort meistens nur mit größeren Durchmessern. Aber im Bastelbedarf bekommst du eine große Auswahl an Holzrädern.

Linde

Linde ist ein leichtes weiches Holz. Es hat ein helles fast weißes Holz, dass aber an Licht und Luft hellbraun nachdunkelt. Das Holz ist elastisch und hat eine feine Struktur. Es lässt sich sehr gut in alle Richtungen bearbeiten. Darum ist es ein ideales Holz zum Schnitzen.
Wir werden es für viele Fahrzeuge verwenden. Du kannst es gut sägen und schleifen und es hat nach der Bearbeitung eine schöne glatte Oberfläche.
Linde gibt es in verschiedenen Abmessungen. Auch aus Reststücken und Abfallholz kannst du noch kleine Dinge machen (also nichts wegwerfen).
Lindenholz bekommst du nicht im Baumarkt. Kaufe es beim Bastelbedarf oder im Fachgeschäft für Schnitzbedarf.

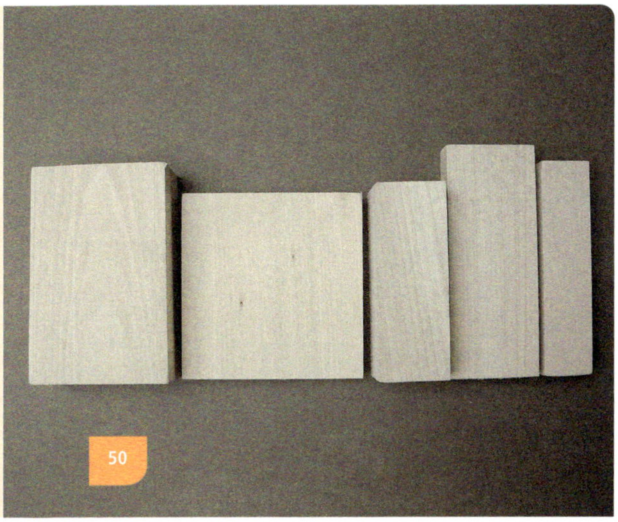
50

51

Fichte

Fichte ist ein weiches leichtes Holz. Es hat eine weiße bis gelbliche Farbe, aber es dunkelt nach. Die Jahresringe sind meist gut zu erkennen. Das Holz hat lange Fasern und ist leicht zu bearbeiten. Du musst beim Sägen aufpassen, weil das Holz zum Schluss leicht splittert. Fichte hat nach dem Schleifen einen schönen natürlichen Glanz.
Wir werden es für viele Fahrzeuge verwenden.
Fichtenholz bekommst du im Baumarkt in verschiedenen Abmessungen, es gibt auch Fichtenleisten. Du kannst dir im Baumarkt das Holz bereits in passender Länge absägen lassen.

Birke-Multiplex

Birke ist ein hartes schweres Holz. Es hat eine helle, fast weiße Farbe. Die Struktur ist fein und das Holz sehr zäh. Es wird überwiegend zu Sperrholz (Multiplex) verarbeitet. Als Sperrholz hat es hervorragende Eigenschaften.
Multiplex bekommt man im Baumarkt in verschiedenen Stärken ab 4 mm.
Ein besonderes Birkensperrholz ist das Flugzeugsperrholz, dass es bereits ab 1 mm Stärke gibt.
Die Zuschnittabteilung im Baumarkt sägt dir Multiplex oft schon ab 12 x 12 cm.
Ich verwende Multiplex oft anstelle von Buchenleisten, weil es günstiger ist. Dabei säge ich mir mit der Hobbykreissäge passende Breiten ab. Da du diese Möglichkeit wahrscheinlich nicht hast, kannst du auch immer Multiplex durch Buchenleisten ersetzen.

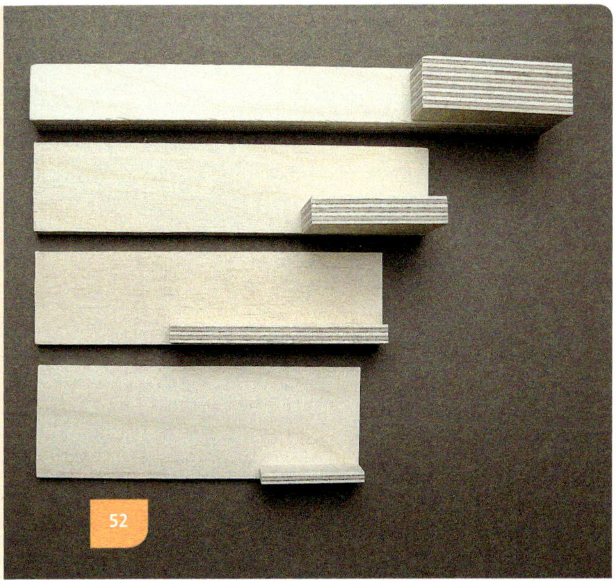
52

Farben

Du wirst im Buch viele Holzarbeiten finden, die nicht bemalt sind oder die sowohl bemalt als auch natur zu sehen sind.
Kein Stück Holz gleicht dem anderen. Sowohl die Holzarten als auch das Holz der gleichen Art sind verschieden. Außerdem besitzt Holz eine natürliche Schönheit, die ich nicht gerne übermale. Aber bei manchen Fahrzeugen trägt Farbe zur Gestaltung bei. Bei diesen Fahrzeugen habe ich Cromar-Farbe verwendet, weil diese Farbe die Maserung des Holzes noch durchscheinen lässt.
Bevor du Holz bemalst, musst du es besonders glatt schleifen. Den Schleifstaub entfernst du mit dem Staubsauger und polierst das Werkstück anschließend mit einem alten Lappen noch nach.
Nimm wenig Farbe, trage sie dünn auf und streiche mit dem Pinsel möglichst immer in Faserrichtung des Holzes.
Die Cromar-Farbe ist bereits streichfertig und muss nicht mehr mit Wasser verdünnt werden.
Wenn du den Pinsel auswäschst, weil du die Farbe wechselst, musst du ihn anschließend an einem Lappen abtupfen.
Bei den Pinseln bevorzuge ich Synthetikpinsel, weil sie praktisch keine Haare verlieren und lange schön bleiben.
Jetzt kannst du anfangen. Überlege dir aber gut was und ob du etwas anmalst, weil die Farbe nicht mehr entfernt werden kann.

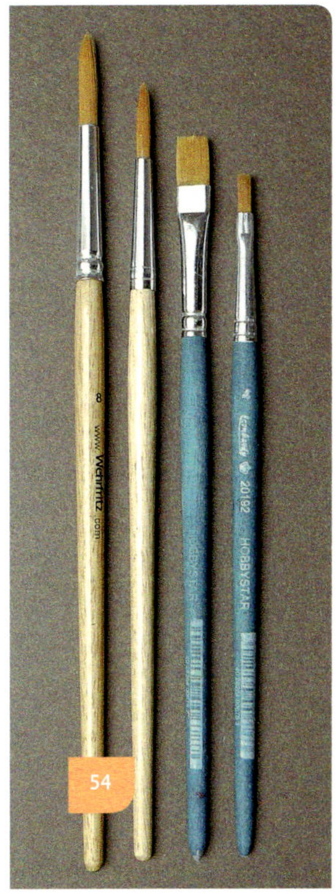

54

53

Projekte

Erst wird gebaut und dann wird gespielt. Wie im Vorwort bereits erwähnt sind die Projekte nach dem Schwierigkeitsgrad markiert. Beginne mit den einfacheren Fahrzeugen, denn Übung macht den Meister. Du wirst auf den nächsten Seiten sehen, dass manche Fahrzeuge sehr ähnlich gebaut werden, dass macht dir das Nacharbeiten leichter. Und wenn du Lust hast, kannst du auch noch eigene Ideen verwirklichen. Nach dem Bauen kannst du mit den Fahrzeugen spielen. Vielleicht möchtest du aber auch einem lieben Freund eine Freude machen und ihm ein selbstgemachtes Fahrzeug schenken.

* Grundaufbau 1

für Lastwagen, Holztransporter, Kranauto, Container-Lastwagen, Muldenkipper (Bild 55 und 56)

Tipp

Aus einem Grundaufbau entstehen fünf verschiedene Fahrzeuge.
Was du dazu brauchst und wie du sie machst erfährst du auf den nächsten Seiten.
Nach dem Sägen, Schleifen, Bohren und Zusammenbauen kannst du spielen und den Kinderzimmerboden in eine Baustelle verwandeln.
Wenn du Lust bekommen hast, dann fang doch gleich an.

Material

Brett (Fichte) 20 x 5 x 1,8 cm
4 Holzräder 30 mm ∅ mit 4 mm Bohrung
Rundholz 4 mm ∅, 2 x 7,2 cm lang (Achsen)
4 Unterlegscheiben M4 zur Lagerung

Arbeitsanleitung

Auf dem Fichtenbrett 5 cm anzeichnen und mit dem Winkel quer über das Brett eine Linie ziehen.
Mit der Japansäge absägen.
Bohrungspunkte für die Achsen anzeichnen.
Jeweils 2,5 cm vom Rand bei 6 mm Höhe.
Die Löcher für die Achsen mit 5 mm bohren.
Führerhaus aufleimen und anschließend alle Flächen und Kanten schleifen.
Achsen jeweils in eines der Räder hämmern und darauf eine Unterlegscheibe geben.
Die vorbereiteten Achsen durch die Bohrungen stecken und wieder eine Unterlegscheibe darauf geben.
Die beiden Räder auf die Achsen hämmern.

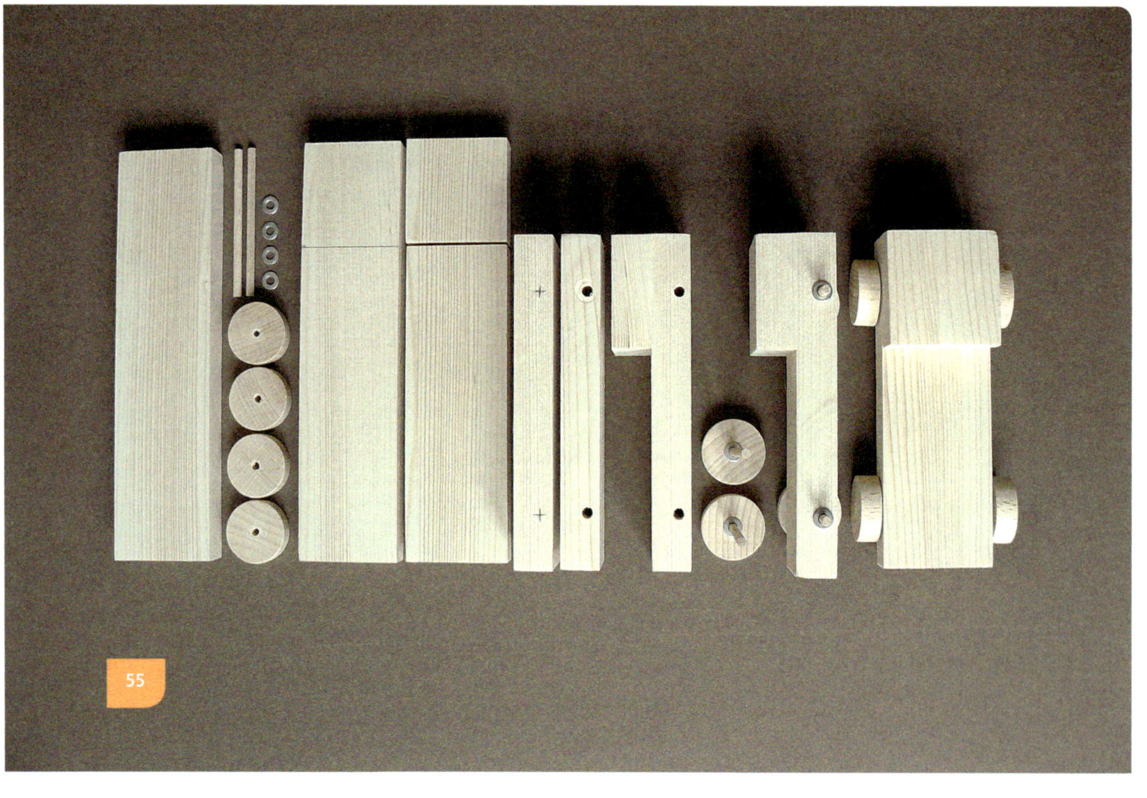

55

Tipp

Achte darauf, dass sich die Räder gut drehen.
Die Unterlegscheiben sorgen dafür, dass zwischen Rädern und Fahrzeug ein Abstand bleibt.
Da du bei allen Fahrzeugen den Grundaufbau noch bearbeiten musst, solltest du die Räder erst immer zum Schluss montieren.
Beachte außerdem, dass sich die Bohrung für die hintere Achse beim Container-Lastwagen weiter vorne befindet.

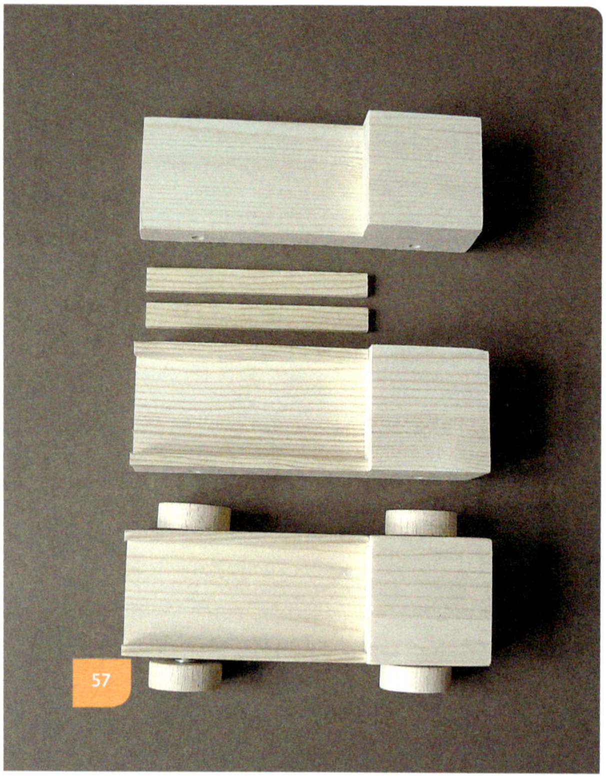

57

* Lastwagen (Bild 57 und 58)

Material
Grundaufbau
Leiste 1 x 0,5 cm

Arbeitsanleitung
Lege die Leiste an das Führerhaus auf den Lastwagen (nur so kannst du die exakte Länge ermitteln).
Jetzt kannst du auf der Leiste, dort wo der Lkw zu Ende ist, einen Strich machen.
Säge nun an der Linie die Leiste ab.
Mache es bei der zweiten Seite genau so.
Schleife die Leistenstücke und leime sie auf den Lkw.
Erst zum Schluss montierst du die Räder. Jetzt ist der Lastwagen bereit zum Aufladen und Losfahren.

58

59

* Holztransporter (Bild 59 und 60)

Material
Grundaufbau
Rundholz 4 mm ∅

Arbeitsanleitung
Bohre in den Grundaufbau 4 Löcher 1 cm tief mit dem 4 mm Bohrer.
Maße: 1,5 cm und 7 mm.
Säge von dem Rundholz vier Stücke mit 2,5 cm Länge.
Hämmere die Rundhölzer in die Löcher.
Erst zum Schluss montierst du wieder die Räder.

60

Tipp

Sammle im Wald Rundhölzer (kleine Aststücke), die du dann Zuhause passend absägst. Anschließend kannst du sie auf den Holztransporter laden.

** Kranauto (Bild 61 und 62)

Material

Grundaufbau mit zusätzlicher Bohrung bei + ← 3,5 cm (Mitte)

Kranaufsatz:

- Ausleger
  Leiste 10 x 5 mm, 2 Stück 12 cm lang

- Halterung
  Leiste 20 x 20 x 10 mm
  Rundholz 4 mm ∅, 2,2 und 3,5 cm lang
  Gummidistanzring mit 3 mm Innendurchmesser

- Abstandhalter
  Leiste 10 x 10 x 15 mm

- Kurbel
  2 Holzräder 20 mm ∅
  Rundholz 4 mm ∅ 2 x 2,5 cm und 1 x 4 cm lang
  2 Unterlegscheiben M4
  Schnur
  Haken
  Holzperle natur 8 mm ∅

61

62

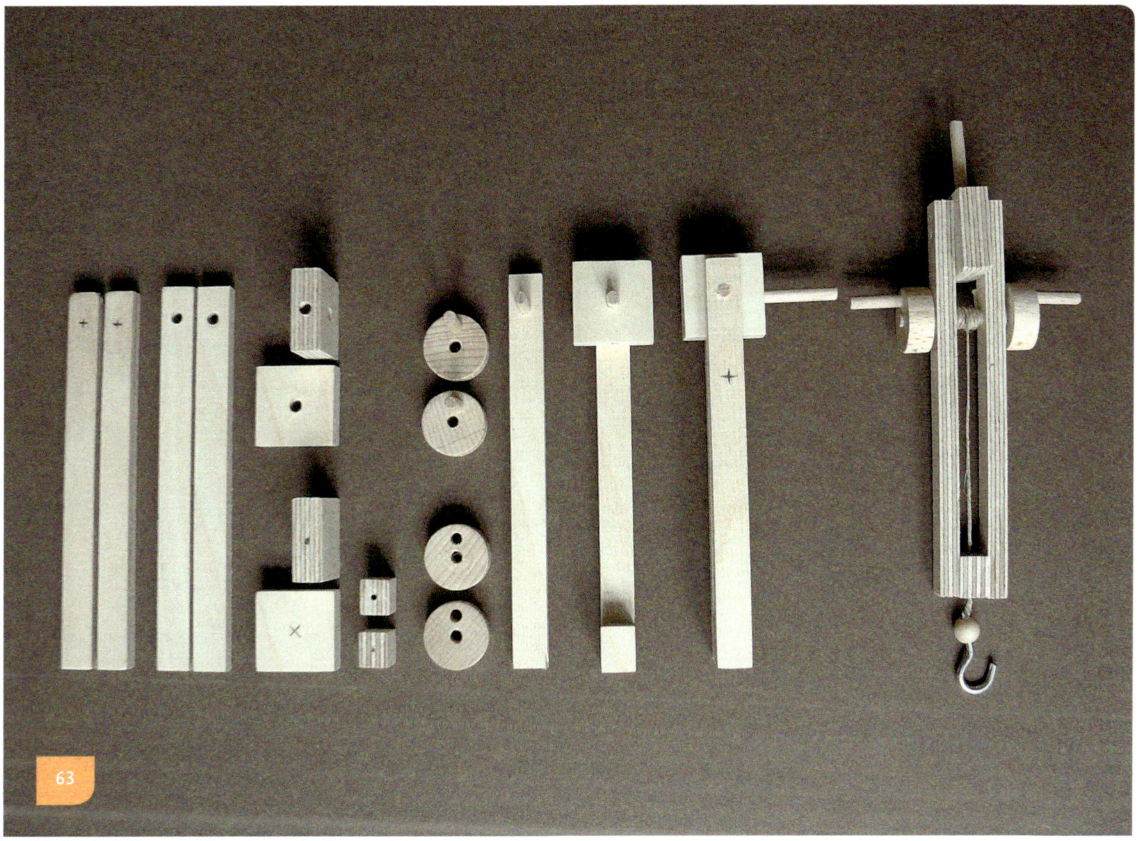

63

Arbeitsanleitung
Bohrungspunkte bei beiden Auslegern bei 1 cm anzeichnen.
Die Löcher mit 4 mm bohren.
An der Halterung die Bohrungspunkte jeweils in der Mitte anzeichnen.
Erste Bohrung mit 4,2 mm durchbohren.
Untere Bohrung mit 4 mm nur bis zur Mitte bohren.
Den Abstandhalter mittig der Länge nach mit 1,5 mm bohren.
Die beiden Holzräder mit 4 mm durchbohren und die 2,5 cm langen Rundhölzer hinein hämmern.
Das 2,2 cm Rundholz in einen Ausleger hämmern.
Halterung darauf stecken und Abstandhalter vorne festleimen.
Leim auf den Abstandhalter geben und den zweiten Ausleger auf das Rundholz hämmern.
Das 3,5 cm Rundholz unten in die Halterung hämmern.
Bohrung für Kurbel bei + ← 3,5 cm anzeichnen und mit 4,5 mm durch beide Ausleger bohren.
Das 4 cm Rundholz mittig mit 1,5 mm durchbohren.
Eine Kurbel auf dieses Rundholz hämmern, Unterlegscheibe aufstecken, Rundholz durch beide Bohrungen schieben, wieder eine Unterlegscheibe aufstecken und die zweite Kurbel aufhämmern.
Schnur durch Bohrung im Rundholz fädeln und verknoten.
Schnur durch Abstandhalter fädeln, Perle und Haken am Ende befestigen.
Kranaufsatz auf Grundaufbau stecken und mit Gummiring sichern.

64

** Container-Lastwagen
(Bild 64 und 65)

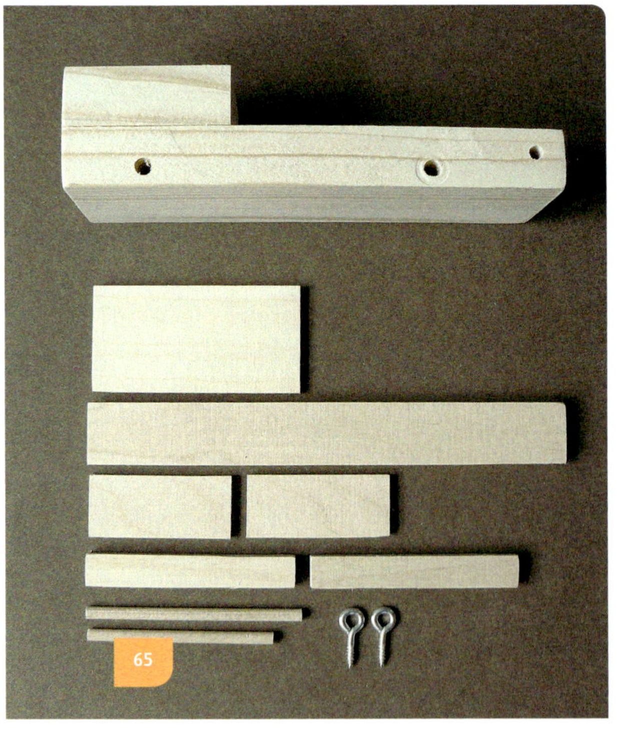
65

Material

Grundaufbau
Die hintere Achsbohrung für die Räder muss jedoch bei 4 cm liegen
Zusätzlich muss mit 4,2 mm der Grundaufbau hinten bei 7 mm durchbohrt werden

Container
Sperrholz 4 mm, 7 x 3,5 cm (Boden)
Sperrholz 4 mm, 16 x 2 cm (Seiten lang)
Sperrholz 4 mm, 2 x 4, 6 x 2 cm (Seiten kurz)

Ausleger
Sperrholz 6 mm, 2 x 7 x 1 cm
Rundholz 4 mm ∅, 7,2 und 6,2 cm lang
2 kleine Ringschrauben mit 5 mm Innendurchmesser

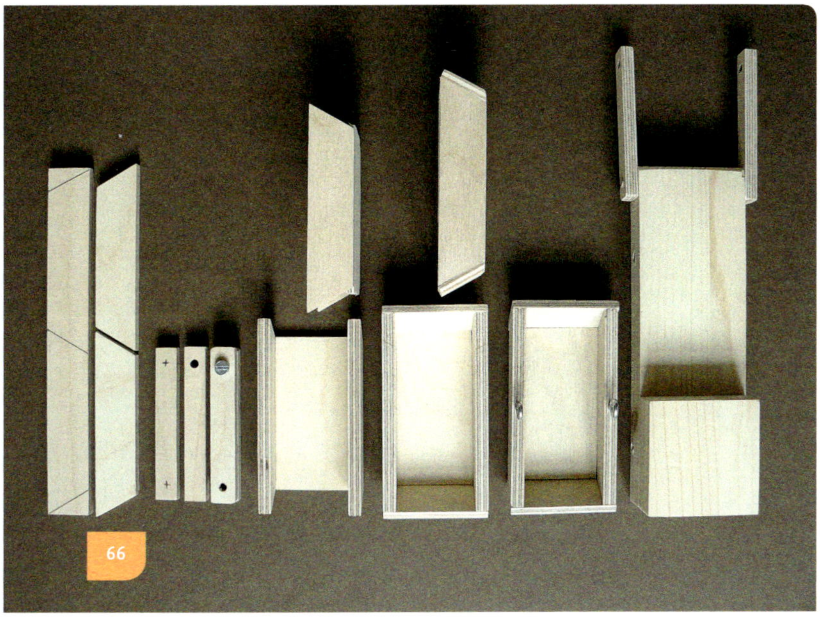
66

Tipp

Anstelle von Sperrholz kannst du auch Buchenleisten verwenden. Der Vorteil dabei ist, dass die Leisten bereits die passende Breite haben und du nur noch die Länge absägen musst.

Arbeitsanleitung (Bild 66)
Zeichne auf dem 16 cm langen Holz die schrägen Seitenteile an. Die lange Seite misst 8,5 cm, die Kurze 6,5 cm.
Säge dann an den Linien die Teile aus.
Zeichne auf einem Ausleger die Bohrungspunkte an. Sie liegen beide bei 7 mm. Lege sie zum Bohren aufeinander.
Bohre die erste Bohrung mit 4,2 mm.
Stecke eine Schraube durch diese Bohrung und bohre dann die Zweite mit 4 mm.
Leime die beiden schrägen Seitenteile seitlich an den Boden.
Schleife das überstehende Holz nach dem Trocknen am Boden ab.
Jetzt kannst du die kurzen Seiten anleimen und das überstehende Holz wieder abschleifen.
Bohre an der Oberkante der beiden Längsseiten mittig mit 2 mm zwei Löcher.
In diese Löcher drehst du die Ringschrauben.
Schiebe das 6,2 cm lange Rundholz durch die hintere Bohrung des Lastwagens und stecke die beiden Ausleger mit der 4 mm Bohrung auf.
Kippe die Ausleger nach vorne und stelle den Container auf den Lastwagen.
Schiebe nun das 7,2 cm lange Rundholz durch die Ausleger und die Ringschrauben.
Die Räder befestigst du wie immer und dein Lastwagen ist fahrbereit.

Tipp

So stimmen die Bohrungen exakt überein.

Tipp

Achte unbedingt darauf, dass die Ausleger parallel laufen.

67

68

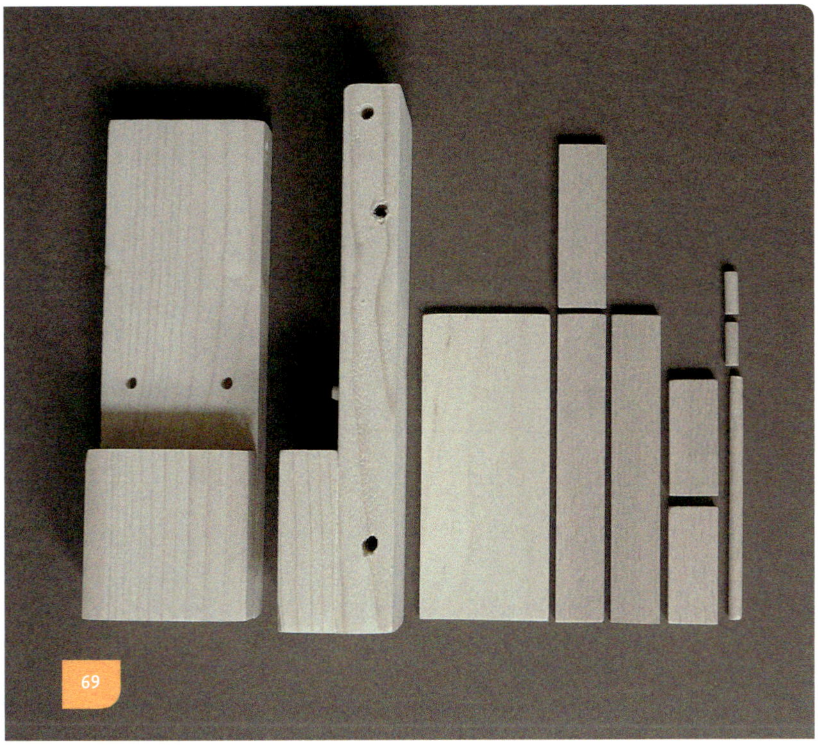

69

** Muldenkipper (Bild 67, 68 und 69)

Material

Grundaufbau
Die Bohrung für die Hinterachse liegt aber bei 3,5 cm.
Zusätzlich musst du noch für die Kippleisten bei 7 mm eine Bohrung mit 4,2 mm durch den Grundaufbau machen.
Oben müssen zwei Löcher mit 4 mm für die kurzen Rundhölzer gebohrt werden.
Diese Rundhölzer sind dazu da, dass die Kippfläche nicht auf dem Fahrgestell aufliegt.
Ist das nämlich der Fall, funktioniert das Kippen nicht, weil die Kippfläche am hinteren Ende des Fahrgestells gebremst wird.
Probier es ruhig aus.
Eine andere Lösung wäre, das Fahrgestell hinten abzuschrägen.

Der Muldenkipper ist dem Lastwagen sehr ähnlich. Auch er hat hinten eine Ladefläche, sie ist aber kippbar und somit flexibler einsetzbar.

Zusätzlich brauchst du noch:
Sperrholz 4 mm oder Buchenleisten 5 mm, 9,3 x 4 cm
Buchenleiste 15 x 5 mm, 2 x 9,3, 1 x 5 und 2 x 3,5 cm lang
Rundholz 4 mm ∅, 6 cm und 2 x 1,2 cm

Arbeitsanleitung (Bild 70)
Als erstes leimst du die Kippfläche.
Zuerst leimst du die Längsseiten an den Boden und dann vorne noch die kurze Seite dran.
Die beiden ganz kurzen Leisten bilden die Kippvorrichtung und müssen mit 4 mm durchbohrt werden, von unten 1,1 cm entfernt.
Bohre oben in den Grundaufbau die Löcher für die Rundhölzer mit 4 mm,

70

71

1 cm tief bei 8 cm vom hinteren Rand und 1 cm vom seitlichen Rand entfernt.
Hämmere die Rundhölzer in diese Bohrungen, so dass sie noch 2 mm heraus ragen.
Schiebe das 6 cm-Rundholz durch die hintere Bohrung und stecke die beiden Kippleisten so auf, dass sie nach oben zeigen, wie auf dem Bild gezeigt (Bild 71).
Gib auf die Innenflächen dieser Leisten Leim. Pass auf, dass nichts auf das Fahrgestell tropft.
Setze die Kippfläche auf das Fahrgestell, richte sie gerade aus mit einem kleinen Abstand zum Fahrerhaus. Da diese Leimfläche klein ist und sehr beansprucht wird, muss sie auf alle Fälle mit Klemmen gepresst werden (Bild 72 und 73).
Probier jetzt gleich aus, ob sich die Kippfläche auch nach hinten kippen lässt. Ist das nicht der Fall, schiebe die Kippfläche weiter nach hinten.
Ist der Leim getrocknet und du stellst fest, dass das Kippen nicht funktioniert, kannst du die hintere Kante des Fahrgestells abrunden.
Jetzt montierst du noch die Räder und der Kipper ist einsatzbereit.

Nun, da du alle fünf Fahrzeuge angefertigt hast, bist du ein richtiger Profi im sägen, bohren und montieren.
Mit allen Lastwagen zusammen kannst du jetzt eine Baustelle aufbauen.

72

73

Tipp

Achte unbedingt darauf, dass die Kippleisten und die Ladeflächenseitenteile parallel laufen!

74

** Traktor mit Anhänger (Bild 74 und 75)

Material Traktor
Lindenholz 4 x 4 x 10 cm
2 Holzräder 30 mm ∅
2 Holzräder 25 mm ∅
Rundholz 4 mm ∅ 2 x 6,3 cm lang
4 Unterlegscheiben M4
1 kleiner Schraubhaken gerade

Arbeitsanleitung
Um dem Traktor seine Form zu geben, musst du ein rechteckiges Stück heraussägen.
Maße: 4 cm, 17 mm tief
Zuerst sägst du das Lindenholz liegend bei 4 cm 17 mm tief ein.
Anschließend stellst du das Holz hochkant und sägst bis zur ersten Sägekante nach unten (das rechteckige Stück fällt heraus).
Schleife alle Flächen und Kanten fein.
Zeichne die Bohrungspunkte für die Achsen an.
Sie sind jeweils 2 cm vom Rand entfernt, die vordere Bohrung liegt bei 6 mm Höhe, die Hintere bei 8 mm.
Die Räder montierst du wie immer (die Kleinen vorne und die Großen hinten).
Hinten in die Mitte bei 5 mm Höhe bohrst du mit 2 mm das Loch für den Haken und drehst ihn ein.

Tipp
Achte genau auf die Maße, da die Punkte verschieden hoch sein müssen, weil die Räder verschieden groß sind!

75

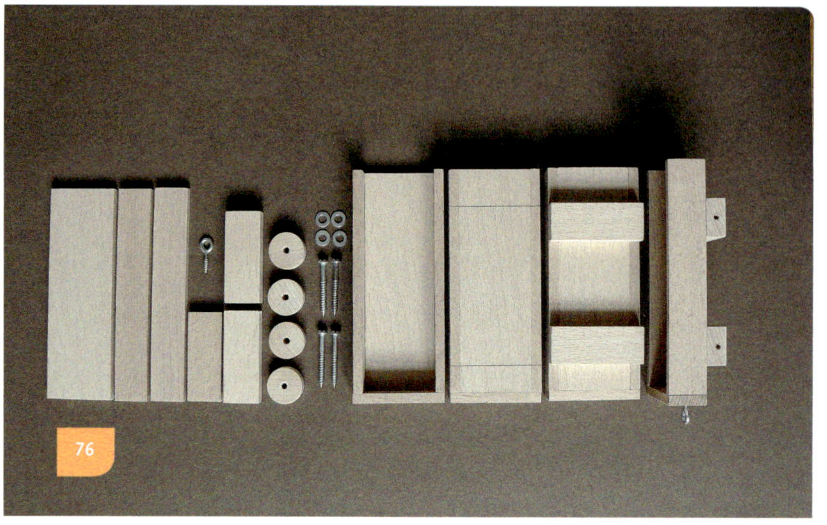

Material Anhänger (Bild 76)
Leiste 4 x 1 cm, 13 cm lang
Leiste 2 x 0,5 cm, 2 x 13 cm, 1 x 5 cm lang
Leiste 2 x 1 cm, 2 x 5 cm lang
4 Holzräder 20 mm ∅
4 Halbrund-Holzschrauben 3 x 30
4 Unterlegscheiben M4
1 kleine Ringschraube

Arbeitsanleitung
Säge die Leistenstücke passend ab und schleife sie.
Leime zuerst die langen Seitenteile seitlich an den Boden und anschließend das kurze Stück.
Drehe den Anhänger um und zeichne die Linien für die Achsen bei jeweils 2 cm an.
Leime die Holzachsen auf den Anhänger.
Bohre in den Mittelpunkt der Achsen mit 2,5 mm die Löcher für die Schrauben der Räder.
Befestige die Räder mit den Schrauben und vergiss die Unterlegscheiben nicht.
Bohre vorne in der Mitte das Loch für die Ringschraube und drehe sie hinein.

* Grundaufbau 2

für Kehrmaschine, Gabelstapler, Frontlader, Straßenwalze

(Bild 77)
So wird deine Baustelle aussehen, wenn du noch mehr Baufahrzeuge machst.
Der Gabelstapler und der Frontlader machen deine Arbeit auf der Baustelle viel leichter.
Und ohne Straßenwalze kannst du keine Straßen bauen, wo sollen denn all die Fahrzeuge und Lkw sonst fahren?
Außerdem brauchst du nun unbedingt eine Kehrmaschine, damit du die verschmutzte Fahrbahn wieder reinigen kannst (siehe Foto 80).

Material für alle Baufahrzeuge (Bild 78)
Lindenholz 4 x 4 x 10 cm
4 Holzräder 30 mm ∅
Rundholz 4 mm ∅, 2 x 6,3 cm lang
4 Unterlegscheiben M4

77

78

Aus dem Lindenholz musst du wieder ein Rechteck heraus sägen. Es ist genau so groß wie beim Traktor und es wird auch genau so gemacht. Die Bohrungen für die Achsen sind nicht immer gleich, du kannst sie jeder Anleitung entnehmen. Auch das Zusatzmaterial steht am Anfang jeder Anleitung. Nachdem du das Rechteck herausgesägt hast, schleifst du alle Flächen und Kanten sehr fein.

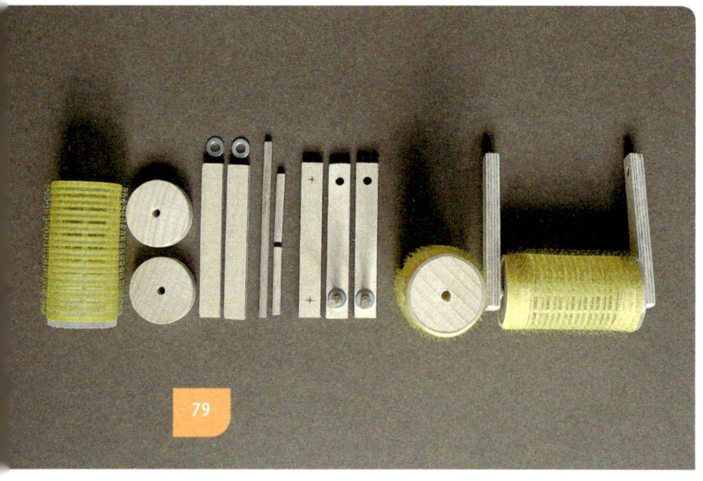

79

* Kehrmaschine (Bild 79 und 80)

Zusatzmaterial für die Kehrmaschine
Lockenwickler 30 mm ∅ (z. b. Müller Markt)
2 Holzräder 30 mm ∅
Du musst die Räder etwas abschleifen, damit du sie in den Lockenwickler hämmern kannst.

Ausleger
Leisten 10 x 5 mm, 2 x 7 cm lang
2 Unterlegscheiben M4
Rundholz 4 mm ∅, 8 cm und 2 x 3 cm lang

Arbeitsanleitung

Zeichne auf einem Ausleger die Bohrungspunkte jeweils links und rechts bei 1 cm an.
Lege die Ausleger zum Bohren wieder aufeinander, damit sie genau übereinander passen.
Bohre rechts mit 4,2 mm und links mit 4 mm.

80

Hämmere in die kleinen Löcher die 3 cm langen Rundhölzer und schiebe eine Unterlegscheibe auf.
Nachdem du die Holzräder etwas abgeschliffen hast, bohrst du die Löcher mit 5 mm nach (sonst dreht sich die Rolle nicht).
Hämmere die Räder links und rechts in den Lockenwickler.
Stecke die Rundhölzer der Ausleger links und rechts in die Kehrwalze.
Bohre in das Lindenholz die Löcher für die Achsen, linke und rechte Bohrung gleich bei 2,5 cm und 6 mm Höhe.
Befestige die Räder wie immer, aber verwende vorne das 8 cm lange Rundholz.
Darauf kannst du jetzt die Kehrwalze stecken (sie lässt sich jederzeit leicht entfernen und es kann etwas anderes befestigt werden).
Was das sein könnte? Das wollte ich eigentlich dich fragen?

** Gabelstapler (Bild 81 und 82)

Zusatzmaterial zum Gabelstapler
Nutleiste 10 x 20 mm, mit mittiger Nut 5 mm, 2 x 9,5 cm lang
Die Nutleiste bildet die Laufschiene, in der sich die Hebevorrichtung nach oben und unten bewegt.
Sperrholz 4 mm, 4 x 4 cm und 2 x 4,7 cm
Aus diesen beiden Teilen entsteht die Hebevorrichtung.

81

82

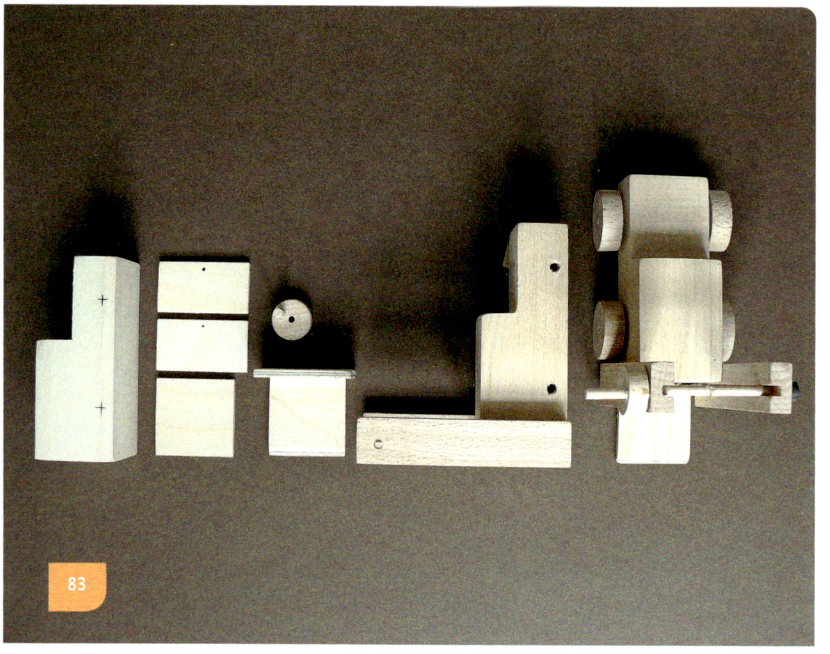
83

Für die Kurbel brauchst du:
Rundholz 4 mm ∅, 7,2 und 2,5 cm lang
Gummiring mit 3 mm Innendurchmesser
Holzrad 20 mm ∅
2 Unterlegscheiben M4
Ein Stück Schnur

Tipp

Achte darauf, dass die Leisten ganz gerade sind, richte sie mit dem Winkel aus und schiebe die Hebevorrichtung in die Nut. Dann siehst du, ob es passt!

Arbeitsanleitung (Bild 83)
Zeichne die Bohrungspunkte für die Achsen an, vorne bei 2,5 cm und hinten bei 2 cm, bei 6 mm Höhe.
Schräge das 4 x 4 cm große Holz vorne durch schleifen an.
Zeichne den Bohrungspunkt zur Befestigung der Schnur an. Er befindet sich genau in der Mitte oben.
Bohre anschließend mit 1,5 mm.
Leime beide Teile zusammen.
Bohre mit 4 mm ein Loch in das kleine Holzrad und hämmere das 2,5 cm lange Rundholz hinein.
Leime die Nutleisten links und rechts vorne an das Lindenholz, so dass die Nut frei ist.
Zeichne den Bohrungspunkt für die Kurbel an und bohre mit 4,2 mm durch beide Nutleisten.
Baue die Kurbel zusammen.
Hämmere die lange Achse in das Kurbelrad und gib eine Unterlegscheibe darauf.
Schiebe die Achse durch die Bohrung beider Nutleisten, gib wieder eine Unterlegscheibe darauf und befestige zum Schluss den Gummiring, damit die Achse nicht herausrutschen kann.
Jetzt bohrst du das Loch in die Achse.
Verbinde Achse und Hebevorrichtung mit der Schnur und schon kannst du kurbeln! Befestige die Räder.

Tipp

Der Bohrungspunkt der 7,2 cm langen Achse liegt nicht genau in der Mitte. Darum musst du sie erst montieren und zum Schluss vorsichtig das Loch mit 1,5 mm bohren.

** Frontlader (Bild 84 und 85)

Im Handumdrehen verwandelt sich der Frontlader in eine Straßenwalze.
Besorge dir im Baumarkt eine Tapezierrolle und wechsle sie gegen die Schaufel aus.
Sicher hast du auch noch eigene Ideen.

84

Zusatzmaterial für den Frontlader

Ausleger
Leisten 10 x 5 mm, 2 x 9 cm lang

Schaufel
Sperrholz 4 mm, 2 x 4 x 3 cm und 1 x 4 x 3,5 cm

Zur Befestigung
Rundholz 4 mm ∅, 6 cm und 2 x 1,5 cm lang
2 Muttern M5

85

Arbeitsanleitung (Bild 86)

Zeichne auf einem Ausleger die Bohrungspunkte an. Maße: links und rechts jeweils bei 1 cm.
Lege sie aufeinander und bohre rechts mit 4 mm, stecke eine Schraube durch die Bohrung und bohre links mit 4,2 mm.
Ein 4 x 3 cm Sperrholz musst du diagonal teilen. Zeichne an und säge durch.
Die entstandenen Dreiecke müssen mit 4,2 mm gebohrt werden.
Zeichne die Bohrungspunkte bei 8 mm vom Rand und in 15 mm Höhe an.
Leime die Schaufel wie im Bild zusammen und schleife nach dem Trocknen die vordere Kante schräg (dazu drehst du die Schaufel um und ziehst sie über das Schleifpapier).

86

Hämmere die kleinen Rundhölzer links und rechts in die Bohrungen.
Um die Schaufel zu befestigen, musst du das Lindenholz bei 3 cm und 7 mm durchbohren.
Bohre die Löcher für die Räder bei jeweils 2 cm und 6 mm Höhe.
Hämmere das 6 cm lange Rundholz in die 4 mm Bohrung eines Auslegers und gib eine Mutter darauf.
Schiebe das Rundholz durch die Bohrung im Lindenholz, gib eine Mutter darauf und hämmere den zweiten Ausleger auf.
Befestige die Schaufel (schau dir das Foto genau an).
Befestige die Räder.

** Straßenwalze (Bild 88)

Welche Straßenwalze findest du besser?
Unter den großen Baumaschinen gibt es beide Arten.
Wie die linke gebaut wird, weißt du ja schon. Vielleicht hast du sie ja sogar schon gemacht?
Wenn du die andere auch noch anfertigen willst, werde ich dir zeigen, wie es geht.

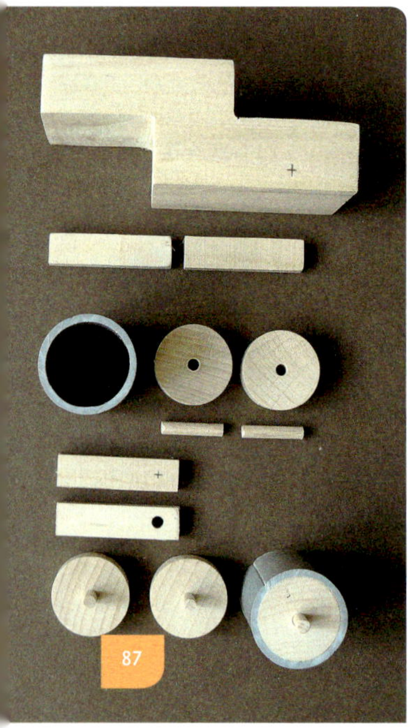
87

Zusatzmaterial
Halterung
Leiste 10 x 5 mm, 2 x 4 cm lang
Kunststoffrohr 30 mm ∅ 3,8 cm lang
2 Holzräder 30 mm ∅
Rundholz 4 mm ∅, 2 x 2 cm lang

Arbeitsanleitung (Bild 87)
Beim Lindenholz muss vorne unten zusätzlich noch ein Rechteck heraus gesägt werden, damit die Walze darunter Platz hat. Es ist 3,5 x 2 cm groß.
Die Bohrung für die Hinterachse ist bei 2,5 cm.
Zeichne den Bohrungspunkt bei der Halterung bei 7 mm an, lege sie aufeinander und bohre mit 4,2 mm.
Schleife die Holzräder rundherum etwas ab, damit du sie in das Rohr hämmern kannst.
Hämmere die Rundhölzer in die Holzräder und anschließend diese in das Rohr.
Schiebe nun auf beide Seiten eine Halterung und leime die Halterung links und rechts an das Lindenholz.
Befestige hinten die Räder.

88

89

90

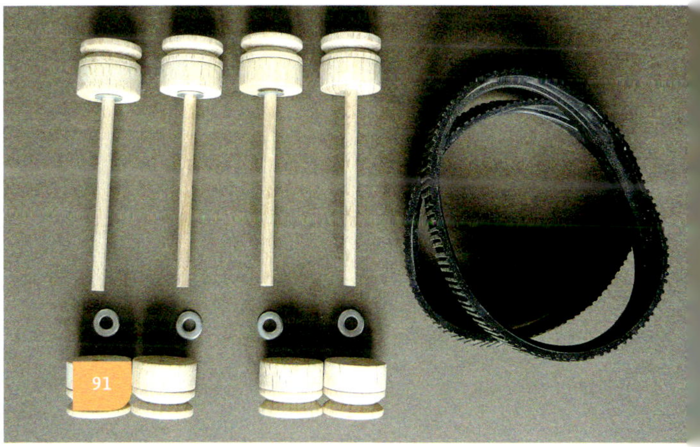

91

*** Raupenbagger (Bild 89 und 90)

Der Bagger fährt auf Raupenketten und ist somit auch auf unwegsamem Gelände einsetzbar. Auch auf weichem oder feuchtem Untergrund bewegt er sich noch sicher. Mit dem Bagger kannst du Erdreich ausheben und verladen. Oder vielleicht musst du Kies oder Sand abbauen. Auf deiner Baustelle wird er dir sicher sehr nützlich sein.
So bekommt der Bagger seine Form:
Zeichne auf dem Lindenholz (42 x 75 mm, 10,5 cm lang) das Rechteck auf, dass herausgesägt werden muss.
Messe von rechts 5,5 cm, ziehe mit dem Winkel eine Linie 4 cm nach unten.
Säge zuerst von oben bei 5,5 cm, 4 cm tief in das Holz.
Dann stelle das Holz hochkant und säge bei 4 cm bis zur ersten Sägekante und das Rechteck fällt heraus.

92

Nun musst du das Führerhaus um etwa 1,5 cm schmaler sägen. Säge dieses Rechteck genau so heraus wie das vorherige.
Zum Schluss sägst du die Kanten noch etwas schräg und schleifst alle Flächen und Kanten fein.
Der Bagger hat seine endgültige Form und du kannst die Bohrungen für die Achsen anzeichnen und mit 5 mm bohren.
Die Bohrungspunkte liegen 3 cm auseinander und sind 6 mm vom Rand entfernt.

Material
Der Bagger braucht 4 Achsen, 4 mm ∅ und 7,8 cm lang
8 Holzräder 20 mm ∅ und 8 Holzräder mit Rille 20 mm ∅
8 Unterlegscheiben M4
2 Raupenketten 11 cm ∅, 18 mm breit

Jetzt bereite die Räder wie auf dem Bild gezeigt vor (Bild 91).
Du hämmerst jeweils eine Achse zuerst in ein Holzrad und dann in eines mit Rille und steckst anschließend eine Unterlegscheibe darauf.
Schiebe nun die Achsen durch die Bohrungen des Baggers und gib wieder eine Unterlegscheibe darauf.
Nun hämmere noch mal auf jede Achse ein Holzrad und zum Schluss ein Rad mit Rille.
Ziehe auf die Räder jeder Seite eine Raupenkette. Schon kann der Bagger fahren und sieht schon fast wie sein großer Bruder aus, es fehlt nur noch die Baggerschaufel mit dem Ausleger.
Als nächstes erkläre ich dir, wie du sie baust. Die Schaufel des Baggers kennst du ja schon, sie ist nämlich die gleiche wie beim Frontlader. Du musst aber keine Löcher in die Seitenteile bohren, weil sie am Ausleger festgeleimt wird.

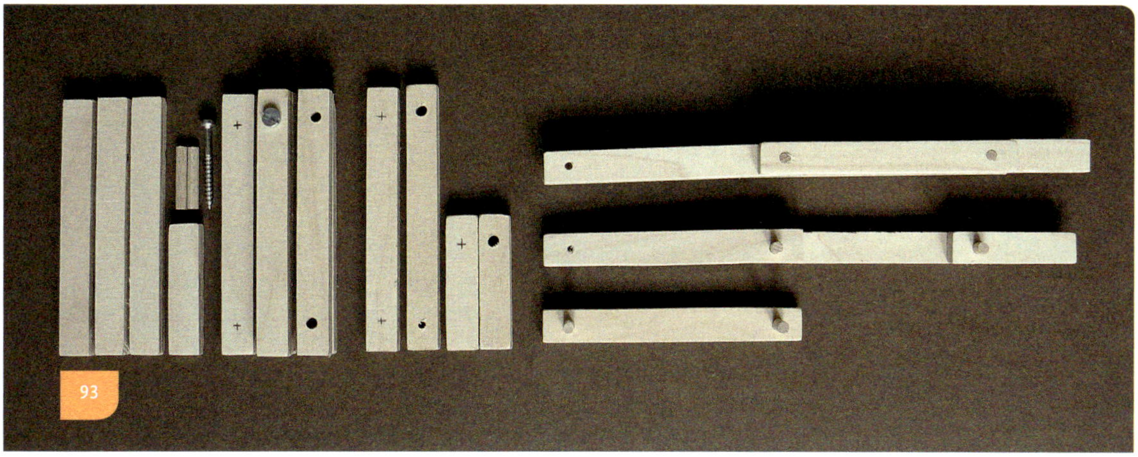

93

Für den Ausleger brauchst du (Bild 93):
Leiste 10 x 5 mm, 3 x 9 cm und 1 x 4,5 cm lang
Rundholz 4 mm ∅, 2 x 1,5 cm lang
Holzschraube halbrund 3 x 20 mm

Zeichne auf einen Ausleger die Bohrungspunkte links und rechts jeweils bei 1 cm und lege zwei aufeinander.
Bohre mit 4 mm und stecke eine Schraube durch diese Bohrung. Bohre das andere Loch genau so.
Zeichne auf der dritten Leiste ebenso die Punkte an und bohre links mit 3 mm und rechts mit 4,1 mm.
Die kleine Leiste wird genau so mit 4,1 mm gebohrt.
So wird der Ausleger zusammengebaut.
Hämmere in einen Ausleger mit den 4 mm Bohrungen die zwei Rundhölzer.
Gib auf ein Rundholz die kleine Leiste und auf die andere die lange Leiste mit der 4,1 mm Bohrung.
Hämmere die zweite Leiste mit den 4 mm Bohrungen auf die Rundhölzer und schon ist der Ausleger fertig.
Leime an den kleinen Ausleger die fertige Baggerschaufel.
Bohre am Bagger ein Loch zum Befestigen des Auslegers. Probier vorher, wo er passt.
Dann schraube ihn mit der Holzschraube fest.

Tipp

Achte darauf, dass die Baggerschaufel nach innen zum Bagger schaut. Sieh dir dazu das Bild genau an!

*** Kran (Bild 94)

Wenn du ein Hochhaus bauen möchtest oder wenn du sehr schwere Lasten bewegen musst, dann brauchst du unbedingt einen Kran.
Der Kran besteht aus dem Fahrgestell, dem senkrechten Mast, dem waggerechten Ausleger und einem Laufgestell, dass du mithilfe der Kurbelanlage bewegst.
Das Laufgestell wird oft auch Laufkatze genannt und bewegt sich am Ausleger entlang.
Unten an der Laufkatze befindet sich das Seil mit dem Lasthaken.
Der Kranführer sitzt in der Steuerkabine und kann die Lasten nicht nur waggerecht und senkrecht befördern, sondern er kann den Kran auch noch im Kreis um die eigene Achse drehen. Somit ist er auf der ganzen Baustelle einsatzfähig.
Ganz einfach ist es nicht, den Kran zu bauen. Du musst vor allem sehr genau messen und bohren.
Die Anleitungen sind in die einzelnen Teile des Krans gegliedert. Erst zum

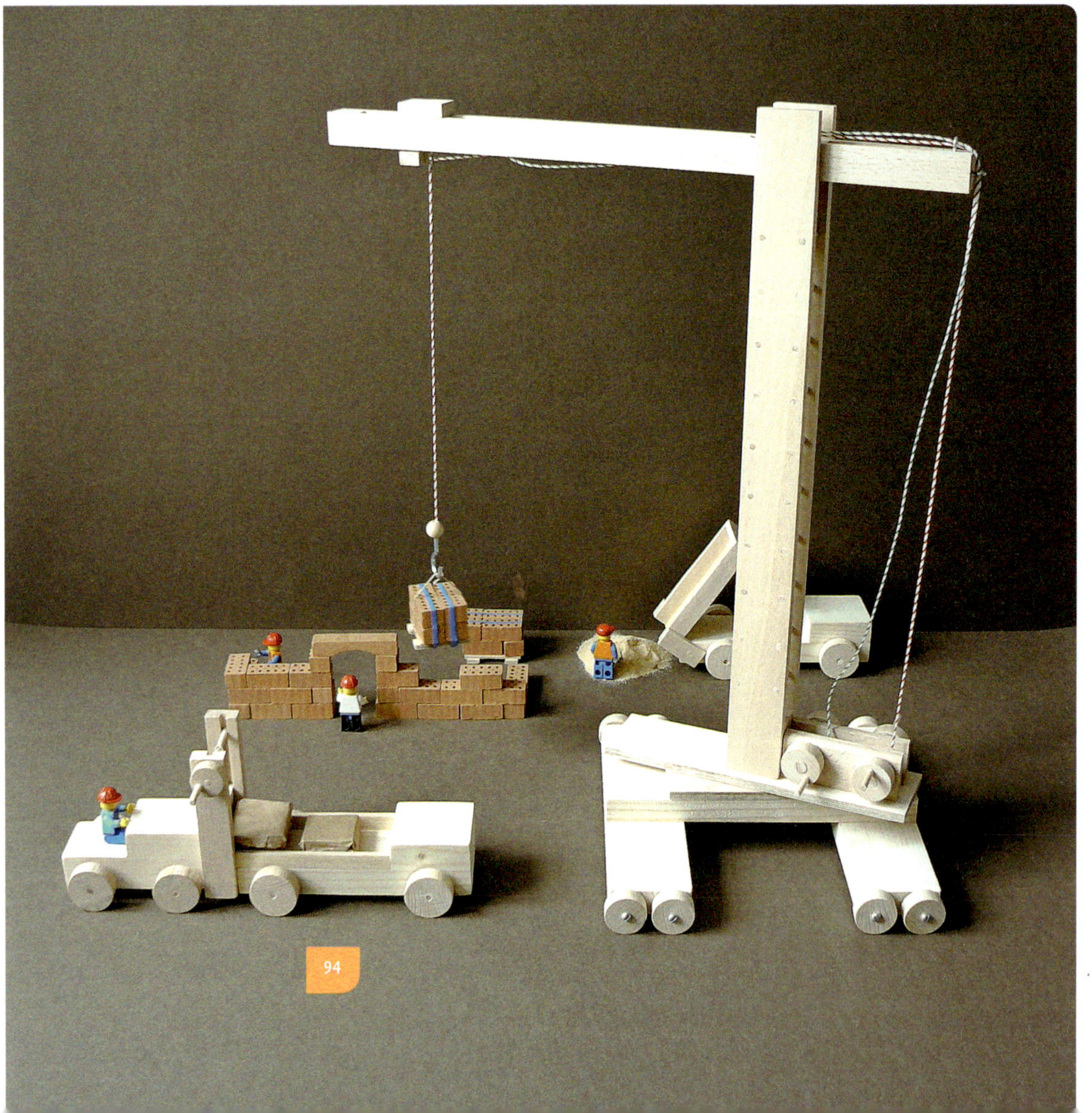

94

Schluss wird alles zusammengefügt. Vielleicht baust du ihn mit einem Freund zusammen oder dein Papa oder Opa hat Lust, mit zu machen.

Das Fahrgestell (Bild 95)

Material

3 Bretter (Fichte) 20 x 5 x 1,8 cm
Sperrholz 6 mm, 20 x 5 und 12 x 5 cm
8 Holzräder 25 mm ∅
8 Halbrund-Holzschrauben 3 x 30
8 Unterlegscheiben M3
Zylinderkopfschraube M4 x 70
2 Unterlegscheiben M4
Sicherungsmutter M4

Arbeitsanleitung

Bohre in zwei Bretter die Löcher für die Schrauben der Räder auf beiden Seiten bei 1 cm und 6 mm Höhe.
In das dritte Fichtenbrett und in beide Sperrholzbretter bohrst du mit 4 mm genau durch die Mitte (Bild 96).
Baue das Fahrgestell zusammen, benutze dazu den Winkel.
Das Fichtenbrett mit der Mittelbohrung muss auf die beiden anderen Fichtenbretter aufgeleimt werden (Achte darauf, dass es sich in der Mitte befindet und im rechten Winkel ist!).
Gib auf die Zylinderkopfschraube eine Unterlegscheibe und schieb sie durch die Bohrung im Fichtenbrett.
Gib auf eine Seite des kleinen Sperrholzbrettes Leim und schiebe es mit der Bohrung über die Schraube auf das Fichtenbrett.
Nun kommt das große Sperrholzbrett darauf. Du darfst dieses mal keinen Leim nehmen, weil es sich drehen können muss.

Tipp

Die Zylinderkopfschraube ist der Drehzapfen, auf den der senkrechte Mast gesetzt wird. Der Mast wird zusätzlich noch auf das Sperrholzbrett geleimt und lässt sich dann auf dem Brett um seine Achse drehen. Auf dieses Brett wird auch die Kurbelanlage geleimt. Weil du am Fahrgestell noch so viel befestigen musst, solltest du die Räder erst zum Schluss anschrauben.

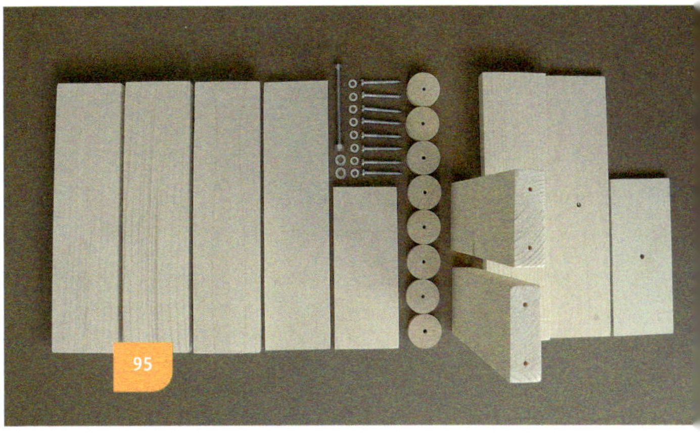
95

96

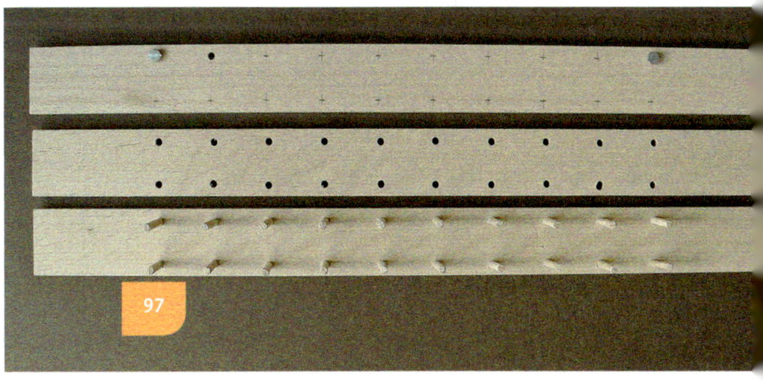
97

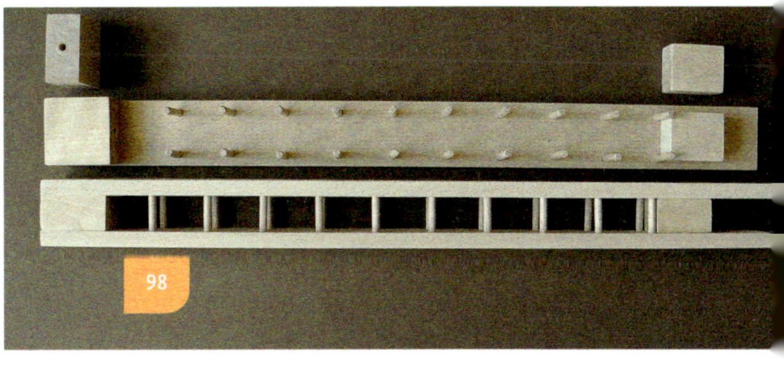
98

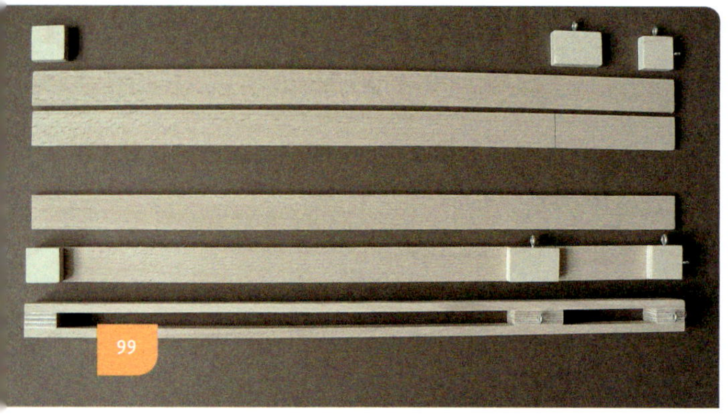
99

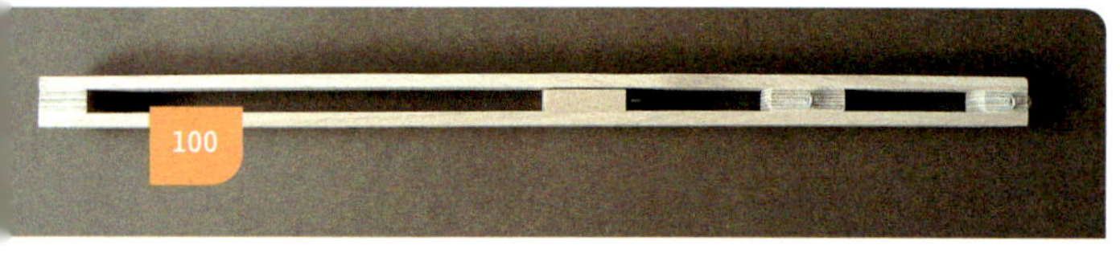
100

101

102

Tipp

Der Abstand zwischen dem Ausleger, in dem sich die Laufkatze bewegt, beträgt 9 mm. Deshalb musst du die Laufkatze aus einem Holz machen, dass nur 8 mm stark ist, damit sie leicht darin läuft.
Genau so wichtig ist es, dass das Laufgestell in der Höhe Spielraum hat, damit es nicht klemmt. Darum ist ein Teil 21 mm hoch und der Ausleger misst 20 mm.

Tipp

Pass auf, dass kein Leim daneben läuft und das Laufgestell mit dem Ausleger verklebt!

Der senkrechte Mast (Bild 97 und 98)

Material
2 Leisten (Buche) 35 x 8 mm, 40 cm lang
Rundholz 4 mm ∅, 20 x 35 mm lang
Kantholz 35 x 35 x 18 mm
Kantholz 30 x 25 x 18 mm

Zeichne auf einer Leiste die Bohrungen für die Rundhölzer an und bohre mit 4 mm, Maße 6 cm → + und dann immer 3 cm auseinander und 6 mm vom Rand entfernt.
Lege die Leisten zum Bohren aufeinander, bohre zuerst die Oberste und Unterste, stecke dann Schrauben durch die Bohrungen und bohre alle anderen.
Säge die 20 Rundhölzer und hämmere sie in die Bohrungen einer Leiste.
Das kleine Kantholz ist die Steuerkabine und wird oben bei 7 cm auf die Leiste geleimt.
Durchbohre das große Kantholz mit 4 mm in der Mitte und leime es unten auf die Leiste.
Gib auf beide Kanthölzer Leim und hämmere die zweite Leiste auf die Rundhölzer.
(Sollte es sehr schwer gehen, dann kann man die Löcher der zweiten Leiste mit 4,1 mm nachbohren und es dann versuchen.)

Der waagerechte Ausleger (Bild 99, 100 und 101)

Material
2 Leisten (Buche) 20 x 5 mm, 40 cm lang
Multiplex 9 mm, 2 x 20 x 20 mm und 1 x 30 x 20 mm
3 kleine Ringschrauben

Bohre oben in die Mitte des großen Multiplex mit 2 mm ein Loch und drehe die Ringschraube ein.
Bohre oben und rechts, jeweils in der Mitte, in eines der kleinen Multiplex mit 2 mm Löcher und drehe ebenfalls die Ringschrauben ein.
Leime die Multiplexteile auf die Leiste, das Mittlere kommt bei 8 cm darauf.
Zum Schluss leimst du die andere Leiste auf die Multiplex und der waagerechte Ausleger ist fertig.
In dem Ausleger läuft das Laufgestell. Auf dem nächsten Bild siehst du es schon im Ausleger. Wie du es machst, zeige ich dir als nächstes.

Das Laufgestell (Bild 102)

Material
Leiste (Buche) 8 mm, 30 x 20 mm, 30 x 21 mm und 20 x 10 mm
2 kleine Ringschrauben

103

104

105

Bohre in das 30 x 21 mm Holz zwei Löcher, eines in der Mitte rechts, das andere unten etwas weiter vorne.
Jetzt leimst du auf dieses unten links neben die Ringschraube das 20 x 10 mm Holz quer.
Schau dir das Bild vom Ausleger an und gib die Laufkatze von unten in den Ausleger und leime dann oben das 30 x 20 mm Holz darauf.
Probier aus, ob sich das Laufgestell ganz leicht im Ausleger bewegt. Erst dann ist es in Ordnung.

Die Kurbelanlage (Bild 103)

Material
2 Leisten (Buche) 30 x 8 mm, 7,5 cm lang
Rundholz 8 mm ∅, 2 x 5,3 cm
4 Holzräder 25 mm ∅
Rundholz 4 mm ∅, 4 x 3 cm lang
4 Unterlegscheiben M8

Arbeitsanleitung
Bohre in die Leisten die Löcher für die Achsen mit 8,5 mm, 1,5 cm vom linken und rechten Rand und 1,8 cm vom unteren Rand entfernt.
Bohre in die 8 mm Rundhölzer mittig mit 2,5 mm die Löcher für die Seile.
Bohre die Mittelbohrung der Räder mit 8 mm größer.
Bohre seitlich für die Kurbel Löcher mit 4 mm und hämmere die 4 mm Rundhölzer hinein. Baue die Kurbelanlage wie auf dem Bild 104 zusammen.
Achte darauf, dass sich die Kurbeln gut drehen.

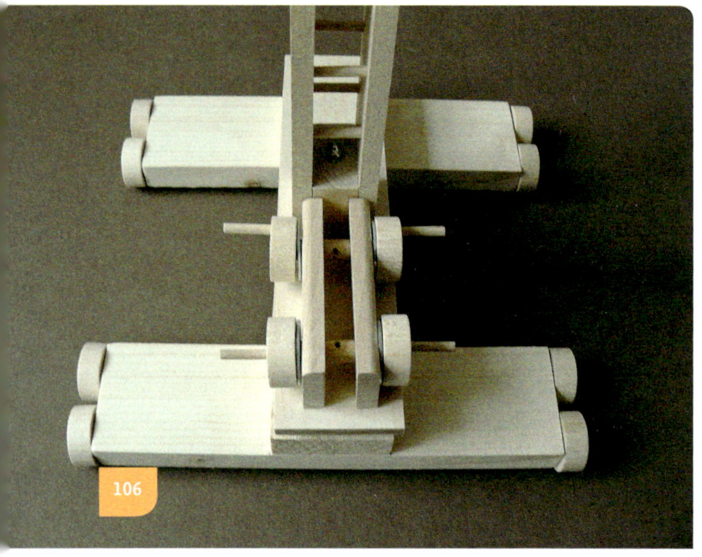

106

107

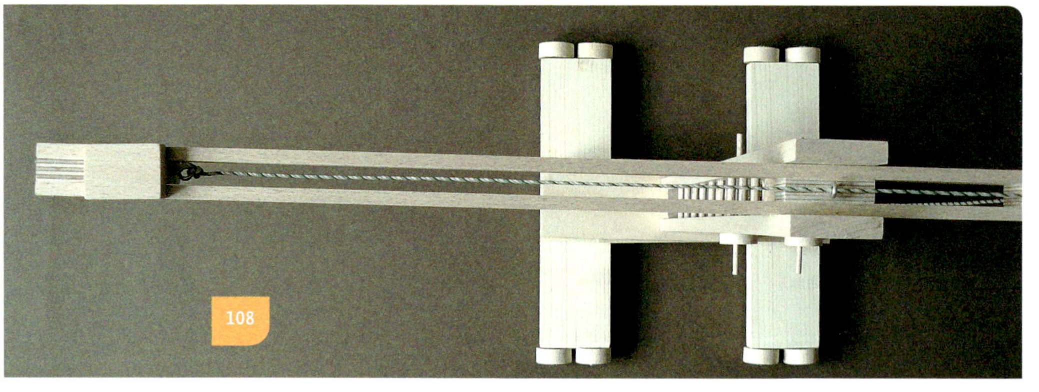

108

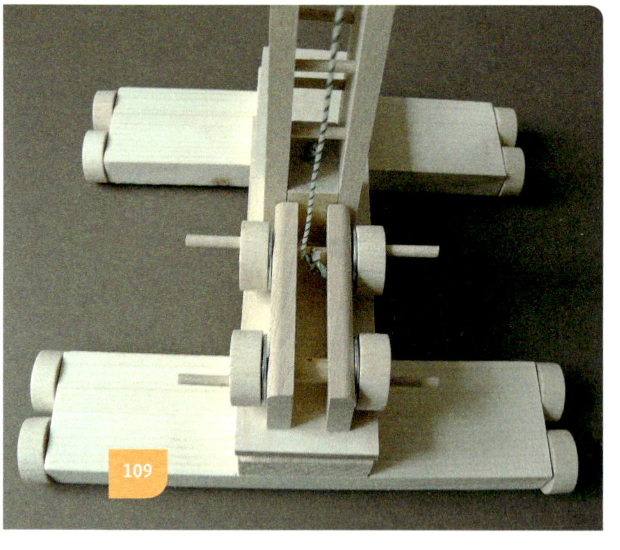

109

Jetzt hast du alle Funktionsteile des Krans angefertigt und darfst sie zusammensetzen.
Leime den waagerechten Ausleger in den senkrechten Mast. Das mittlere Multiplex soll über der Steuerkabine liegen.
Achte darauf, dass beide Teile einen rechten Winkel bilden. Benutze wieder den Winkel (Bild 105).
Befestige den senkrechten Mast auf dem Fahrgestell. Gib auf die Unterseite Leim und schieb ihn mit der Bohrung auf die Zylinderkopfschraube. Der Mast muss gut auf dem Sperrholz festgeleimt werden.
Erst nach dem der Leim fest ist, gibst du die Unterlegscheibe darauf und drehst die Sicherungsmutter nur so fest, dass sich der Kran mit dem Sperrholzbrett dreht.
Leime die Kurbelanlage hinten auf das Brett. Achte wieder darauf, dass sich die Kurbeln leicht drehen (Bild 106 und 107).
Jetzt kannst du die Räder befestigen. Vergiss die Unterlegscheiben nicht!

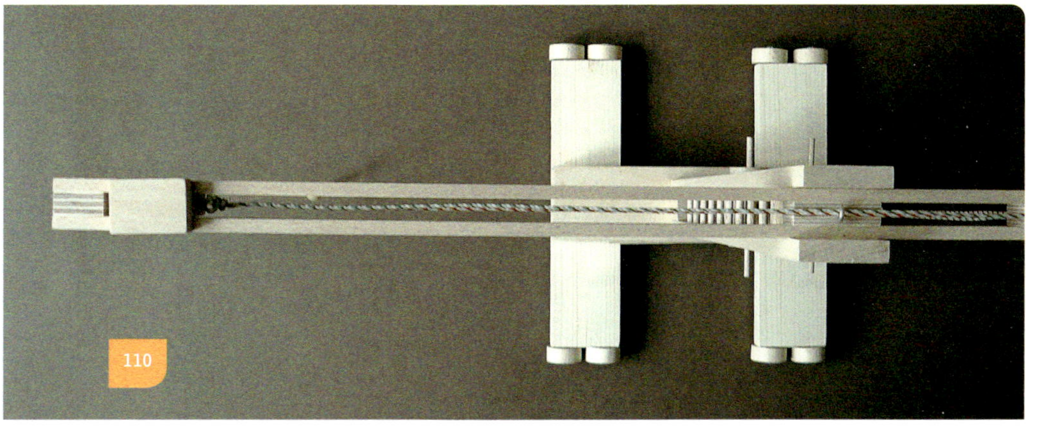

110

111

Wie die Laufkatze das Laufen lernt

Du brauchst 90 cm Schnur dazu (Bild 108 und 109). Schau dir das Bild an.

Zuerst befestigst du die Schnur an der seitlichen Ringschraube der Laufkatze.

Nun fädelst du die Schnur von links nach rechts durch jede Ringschraube bis runter zur ersten Kurbel und fädelst sie durch die Bohrung der Achse.

Ziehe die Laufkatze ganz vor zum Ende des Auslegers, denn so lang muss die Schnur sein.

Erst jetzt verknotest du sie an der Achse.

Wenn du die Kurbel drehst, bewegt sich die Laufkatze nach hinten.

Nach vorne musst du sie mit den Händen ziehen (Bild 110).

Damit der Kran Lasten heben kann, braucht er noch einmal 130 cm Schnur, einen Haken und eine Holzkugel mit 12 mm ∅.

Jetzt musst du auf die rot-weiße Schnur achten.

Gib das Ende der Schnur durch die Holzkugel und drehe dann den Haken hinein.

Jetzt fädelst du das andere Ende der Schnur durch die Ringschraube unten an der Laufkatze.

Fädle die Schnur nun genau so durch alle Ringschrauben wie zuvor.

Zum Schluss fädelst du durch die Achse der zweiten Kurbel.

Der Haken soll knapp den Boden berühren. Dann ist die Schnur genau richtig lang.

Jetzt kannst du sie an der Achse verknoten. Schon bewegt sich der Haken nach oben, wenn du die Kurbel drehst (Bild 111).

Das war wirklich viel Arbeit, aber du hast es ja geschafft!

Nun geht's los auf die Baustelle zum Arbeiten. Dort warten sie schon auf dich. Ein Wolkenkratzer soll gebaut werden. Die Arbeiter mit den anderen Baumaschinen sind auch schon da.

112

113

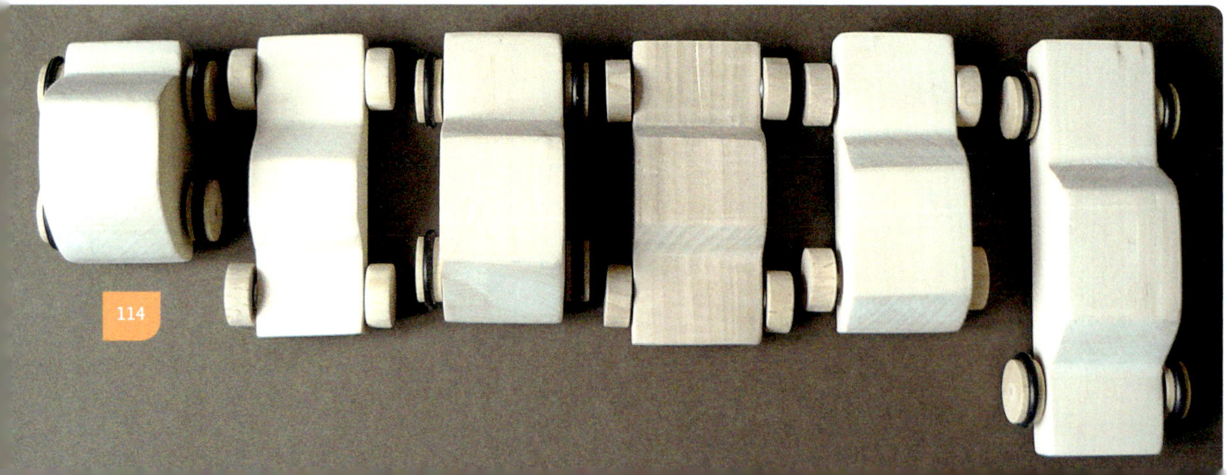

114

* Autos (Bild 112, 113 und 114)

Material
Lindenholz in verschiedenen Breiten und Längen
Holzräder 20 mm ∅ mit oder ohne Gummireifen
Rundholz 4 mm ∅ als Achsen
Unterlegscheiben M4 zum Lagern der Räder
Die Form der Fahrzeuge kannst du selbst wählen. Du kannst aber auch die nachfolgenden Vorschläge verwenden.
Vielleicht möchtest du auch euer Auto oder dein Traumauto im Miniformat nachbauen.

Arbeitsanleitung (Bild 115)
Zeichne auf das Lindenholz die Form des Autos. Dazu gibt es auf der nächsten Seite Schablonen.
Rundungen musst du erst eckig aussägen und nach dem Sägen durch raspeln und schleifen abrunden.
Nach dem Sägen schleifst du alle Kanten und Flächen.
Die Achsbohrungen richten sich nach der Form der Fahrzeuge. Sie müssen aber mit 5 mm gebohrt werden und sollten in der üblichen Höhe bei 6 mm liegen.
Die Achsen müssen so lang sein wie das Auto breit ist plus die Stärke der Räder plus 3 mm.
Befestige die Räder wie immer mit den Unterlegscheiben zwischen Fahrzeug und Holzrädern.
Wenn du möchtest, kannst du die Autos auch anmalen. Das machst du aber bevor du die Räder montierst.

115

* Ampel, Verkehrsschild, Absperrung

(Bild 116)

Material
Ampel
Grundplatte Sperrholz 9 mm 3 x 3 cm
Haltestange Rundholz 6 mm ∅, 8 cm lang
Ampel Leiste 20 x 20 mm, 4 cm lang

Arbeitsanleitung
Zeichne auf der Grundplatte den Mittelpunkt an und bohre mit 6 mm.
Bohre in die Ampel ebenfalls ein Loch mit 6 mm.
Hämmere das Rundholz in die Ampel und anschließend in die Grundplatte.
Zeichne auf jede Seite der Ampel drei Kreise und bemale jeweils die gegenüberliegenden mit rot oder grün.

Material
Verkehrsschild
Grundplatte Sperrholz 9 mm, 3 x 3 cm
Haltestange Rundholz 6 mm ∅, 8 cm lang
Verkehrsschild aus Moosgummi

Arbeitsanleitung
Auch beim Verkehrsschild bohrst du die Grundplatte und hämmerst das Rundholz hinein.
Auf dieses klebst du das Verkehrsschild.

Material
Absperrung
2 Grundplatten Sperrholz 9 mm, 1,5 x 3 cm
2 Haltestangen Rundholz 6 mm ∅, 4 cm lang
Schild Sperrholz 4 mm, 2 x 10 cm

Arbeitsanleitung
Die beiden Grundplatten wieder durchbohren.
Die Haltestangen hinein hämmern.
Das Schild bemalst du mit rot-weißen Schrägstreifen und klebst es dann an die Haltestangen.

Tipp
Das Sperrholz der Grundplatten kannst du auch durch Buchenleisten ersetzen!

116

* Schulbus (Bild 117, 118, 119 und 120)

Material
Fichten oder Lindenholz 5 x 2 cm, 28 cm lang
4 Holzräder mit Gummireifen 30 mm ∅
Rundholz 4 mm ∅, 2 x 4 cm
4 Unterlegscheiben M4

Arbeitsanleitung
Um dem Bus seine Form zu geben, musst du vorne und hinten eine Ecke absägen.
Die Bohrungen für die Achsen sind jeweils 6 cm und 7 mm vom Rand entfernt.
Übertrage alle Maße und bohre die Löcher für die Achsen mit 5 mm.
Nun säge die beiden Ecken ab und schleife anschließend alle Kanten und Flächen.
Jetzt kannst du den Bus anmalen, wenn du möchtest.
Auf dem Bild siehst du einen Bus, bei dem mit Bleistift Fenster und Kinder aufgemalt wurden. Der andere wurde zusätzlich noch mit gelber Farbe angemalt. Welche Farbe hat dein Schulbus? Oder gefällt er dir ohne Farbe am besten?
Zum Schluss kommen noch die Räder. Vergiss die Unterlegscheiben nicht!

117

118

119

120

121

** Jeep mit Anhänger

(Bild 121 und 122)

Ein Geländewagen für vier Personen mit abnehmbaren Dach und einem großen Anhänger.

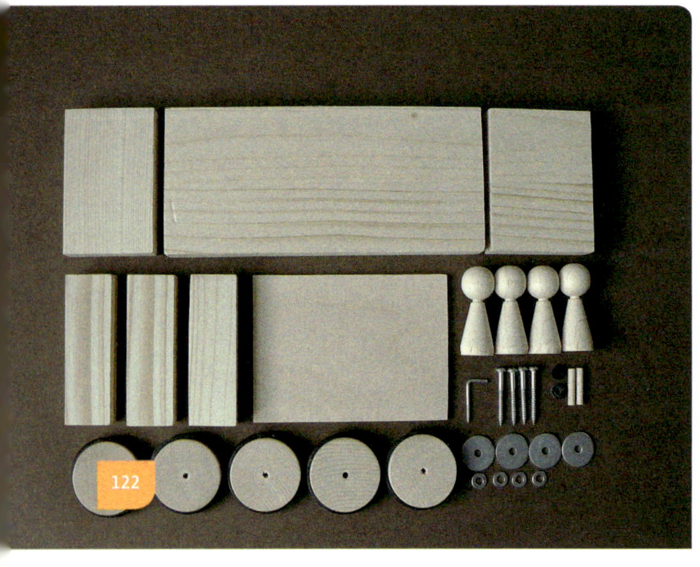

122

Material für Jeep

Reihenfolge der Materialangaben von oben nach unten wie im Bild.

Fichtenbrett 5 x 1,8 cm, 8 cm lang, Fichtenbrett 8 x 1,8 cm, 18 und 6 cm lang

Fichtenleiste 25 x 20 mm, 3 x 8 cm lang, Sperrholz 4 mm, 11 x 8 cm

4 Holzmännchen 20 mm ∅, 48 mm groß, kleiner Schraubhaken gerade

4 Halbrund-Holzschrauben 3 x 30, 2 Gummiringe mit 3 mm Innendurchmesser, Rundholz 4 mm ∅, 2 x 2 cm

5 Holzräder mit Gummireifen, 4 Karosseriescheiben M4, 4 Unterlegscheiben M4

(Bild 123 und 124)

Tipp

Das fünfte Rad ist der Reservereifen. Den kannst du an das Heck schrauben wenn du möchtest.

Arbeitsanleitung

Bohre in die Mitte der beiden Achsen (Leiste 20 x 25 mm) die Löcher für die Räder mit 2,5 mm. Bohre in das 8 x 6 cm Holzstück (Heck) zwei Löcher mit 4 mm, jeweils 1,5 cm vom Rand entfernt und hämmere die Rundhölzer hinein.

Wenn du Holzmännchen als Fahrer und Mitfahrer möchtest, musst du mit dem Forstnerbohrer 20-mm-Löcher in das Fahrgestell bohren.

123

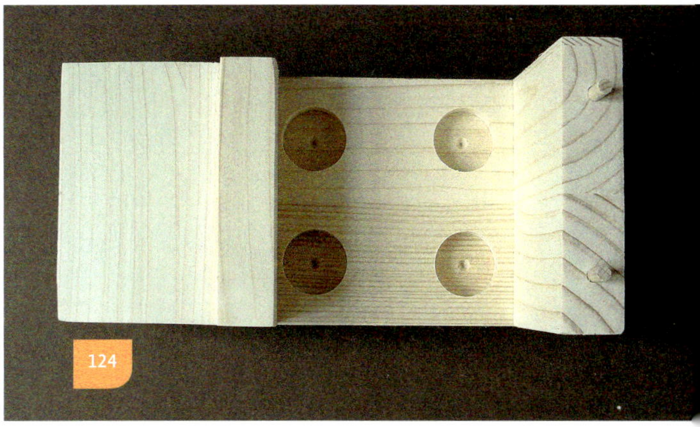
124

Links: Jeep Seitenansicht ohne Dach und Räder.

Rechts: Jeep von oben.

Die ersten beiden Bohrungen sind 8 cm vom vorderen Rand entfernt und 2 cm von der Seite.
Die beiden nächsten haben einen Abstand von 5 cm zu den vorderen.
Jetzt, da du alles gebohrt hast, kannst du die Teile zusammenleimen.
Als erstes leimst du die Achsen unten auf das Fahrgestell, jeweils 2,5 cm vom Rand entfernt.
Nun leime vorne auf das Fahrgestell die Motorhaube (Holzstück 5 x 8 cm).
Daran wird das Frontteil geleimt (Leiste 20 x 25 mm).
Hinten leimst du das Heck mit 1 cm Abstand vom Rand auf das Fahrgestell (Bild 125).
Die Sperrholzplatte wird das abnehmbare Dach des Jeeps.
Dazu übertrage jetzt die Bohrungen der Rundhölzer vom Heck auf das Holz und bohre sie mit 4 mm.
Jetzt kannst du das Dach auf die Rundhölzer vom Heck schieben und du wirst, wenn es regnet, im Jeep nicht mehr nass.
Natürlich braucht der Geländewagen noch Räder.
Gib die Unterlegscheibe auf die Schraube, dann das Holzrad und zum Schluss die Karosseriescheibe.
Dreh die Schraube in die Bohrung. Wenn du alle vier Räder montiert hast, hole deine Freunde ab und los geht die Fahrt.

125

Material für Anhänger (Bild 126)
Fichtenbrett 6 x 1,8 cm, 15 cm lang
Leiste 20 x 20 mm, 2 x 7,8 cm
Leiste (Buche) 35 x 8 mm, 2 x 15 cm und 1 x 7,8 cm
Leiste (Buche) 17 x 8 mm, 5,9 cm
4 Holzräder mit Gummireifen 40 mm ∅
4 Halbrund-Holzschrauben 3 x 30
2 Halbrund-Holzschrauben 3 x 20
1 Ringschraube
4 Karosseriescheiben M4
4 Unterlegscheiben M4

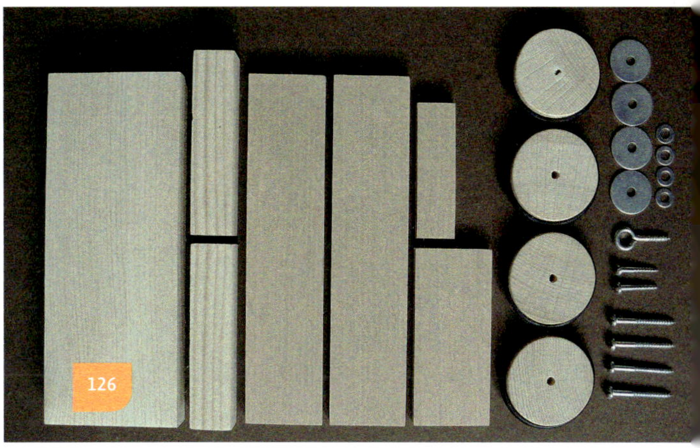
126

127

128

Lege die beiden langen Buchenleisten übereinander und bohre bei 6 mm vom Rand ein Loch mit 3 mm.
Bohre in die kleine Buchenleiste ebenfalls bei 6 mm auf beide Seiten ein Loch mit 2,5 mm (Bild 127 und 128).
Leime die Buchenleisten an das Brett.
Als erstes die langen Leisten mit der Bohrung nach hinten.
Dann leime das vordere Leistenstück dagegen und presse es gut.
Nach dem Trocknen kannst du die Klappe mit den kleinen Schrauben befestigen.
Bohre in die Achsen die Löcher für die Räder mit 2,5 mm in die Mitte (Bild 129).
Leime die Achsen unten auf den Anhänger jeweils 2,5 cm vom Rand (Bild 130).
Montiere die Räder genau so wie beim Geländewagen.
Stelle den Jeep und den Anhänger zusammen und kennzeichne die Punkte für die Bohrungen von Haken und Ringschraube.
Bohre die Löcher mit 2,5 mm und drehe Ringschraube und Haken ein.
Hänge den Anhänger an den Jeep und lade etwas auf.

129

130

** Sattelzug (Bild 131, 132 und 133)

Auf den Bildern siehst du einen Sattelzug mit einem doppelten zweiachsigen Auflieger. Der Anhänger kann abgehängt werden und hat eine klappbare Auffahrrampe. Der Sattelschlepper vorne hat ohne Anhänger keine Lade- oder Beförderungsfläche. Der Schlepper ist die Zugmaschine und der Anhänger ist die Transportfläche. Dabei gibt es verschiedene Anhänger, zum Beispiel zum Transport von Containern. Der Anhänger kann auch ein Planenanhänger sein oder ein Tieflader wie auf dem Bild.
Dieser Tieflader muss gerade Autos zum Autohändler transportieren. Im Fahrerhaus sitzt der Schlepperfahrer mit seinem Helfer. Bei Schleppern kann man manchmal das Fahrerhaus nach vorne kippen, damit sich der Motor leichter warten lässt. Bei unserem Schlepper geht das nicht.
Jetzt hast du viel über Sattelzüge erfahren und willst sicher einen bauen. Schwierig dabei ist die Auffahrrampe. Du kannst sie aber auch weglassen. Dann dient der Anhänger eben zum Transport von schweren Gütern.

131

132

133

134

Material (Bild 134)

Reihenfolge der Materialangaben von oben nach unten wie im Bild.

Fichtenbrett 8 x 1,8 cm, 45 cm

Fichtenbrett 8 x 1,8 cm, 3 x 8 cm und 1 x 14 cm lang, 2 Fichtenleisten 20 x 20 mm, 8 cm lang

Fichtenbrett 5 x 1,8 cm, 4 x 8 cm lang, 2 Nutleisten (Buche) 30 x 10 mm, mit seitlicher Nut 5 x 5 mm

Buchenleiste 5 x 15 mm, 2 x 41 cm

Sperrholz 4 mm, 12 x 9 cm, 12 Holzräder mit Gummireifen 40 mm ∅, 1 Holzrad 20 mm ∅

Rundholz 4 mm ∅, 4 cm lang, 2 Holzmännchen 20 mm ∅, 48 mm groß

12 Halbrund-Holzschrauben 3 x 30, 2 Halbrund-Holzschrauben 3 x 20

12 Karosseriescheiben M4, 12 Unterlegscheiben M4

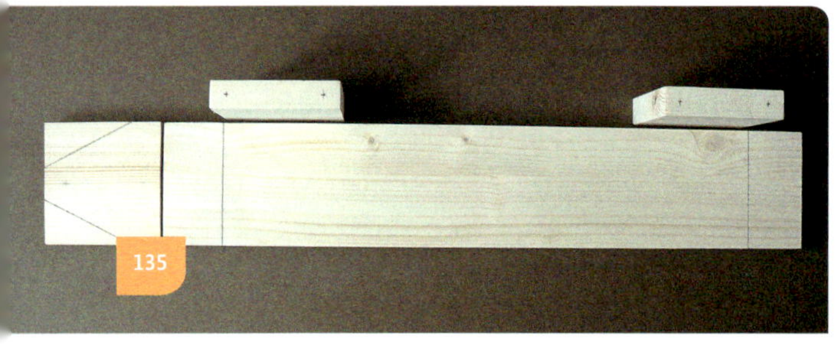

135

Und so geht der Bau des Anhängers (Bild 135)

Das vordere 8 x 8 cm Brett wird die Zugstange, die fest mit dem Anhänger verbunden wird und dann an den Schlepper angekoppelt werden kann.

Dazu musst du zwei Ecken absägen. Es ist vorne in der Mitte 2 cm breit und seitlich ebenfalls 2 cm.

Vorne siehst du in der Mitte bei 1,5 cm vom Rand den Bohrungspunkt für die Anhängekupplung. Bohre dieses Loch mit 4,2 mm und säge dann die Ecken ab.

Die beiden stehenden 8 x 8 cm Bretter sind die Doppelachsen und du musst die Löcher für die Räder auf beiden Seiten bohren.

Zeichne mittig jeweils bei einem Zentimeter vom Rand die Punkte auf und bohre sie mit 2,5 mm.

Das große Brett ist die Ladefläche. Das Bild zeigt es von der Unterseite, wo du bei 4 cm vom linken und rechten Rand die Linien für die Doppelachsen ziehst (Bild 136 und 137).

Wenn dein Anhänger eine Auffahrrampe bekommen soll, musst du jetzt die Löcher für die Befestigung der Nutleisten bohren, ansonsten nicht.

Bohre hinten in das große Brett auf beide Seiten die Löcher zur Befestigung der Nutleisten bei 8 x 8 mm mit 2,5 mm.

Leime die Achsen unten auf das Brett.

Leime oben die 41 cm langen Buchenleisten auf das Brett, so dass sie hinten abschließen. Diese Leimverbindung musst du auf alle Fälle gut pressen..

Vorne an diesen Leisten kannst du dann quer auf dem Brett ein 5 x 8 cm Brett stehend aufleimen.

Zum Schluss leime noch die Zugstange auf das Brett.

136

Anhänger-Seitenansicht ohne Räder und Auffahrrampe.

137

Anhänger von oben.

Nutleisten für Auffahrrampe (Bild 138)
Bohre in die Nutleisten die Löcher zur Befestigung vom Rand 1,2 cm und unten 1 cm entfernt mit 3 mm.
Nun musst du bei jeder Nutleiste eine Ecke absägen. 1,5 cm von oben und 4 cm von der Seite ziehst du die Linie und sägst dann ab (Bild 139).
Befestige die Nutleisten mit den 3 x 20 mm Schrauben am Anhänger und schiebe dann von oben das Sperrholzbrett in die Nut.
Jetzt kannst du die Räder an den Anhänger schrauben. Gehe folgendermaßen vor:
Gib auf eine 3 x 30 mm Schraube eine Unterlegscheibe, dann ein Holzrad und zum Schluss die Karosseriescheibe.
Drehe jetzt die Schraube in die vorgesehene Bohrung. Pass auf , dass sich das Rad gut dreht, es sollte aber auch nicht zu viel Spiel haben.
Der Anhänger ist fertig und wartet auf den Schlepper.

Und so geht der Bau des Schleppers
Schlepper-Fahrgestell von oben und unten (Bild 140).
Zeichne die Bohrungspunkte und die Linien auf das 8 x 14 cm Brett.
Die beiden vorderen Punkte kannst du bohren, wenn du Holzmännchen als Fahrer möchtest.
Bohre sie mit einem 20 mm Forstnerbohrer 1 cm tief. Den hinteren Punkt bohrst du mit 4,2 mm. Dort wird mit der Anhangekupplung die Zugstange des Anhängers befestigt.

138

139

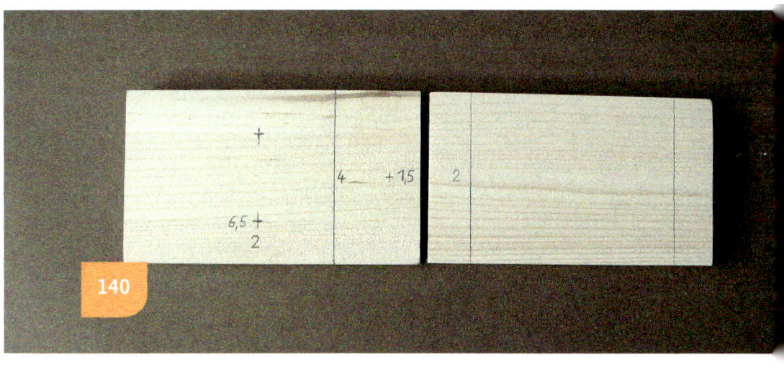

140

141

Die Linie musst du bei 4 cm anzeichnen. Dort wird das Fahrerhaus aufgeleimt (Bild 141).
Bohre in die Mitte der Holzleisten (2 x 2 x 8 cm) die Löcher für die Räder mit 2,5 mm.
Leime anschließend die Achsen unten auf das Brett.
Jetzt brauchst du die 5 x 8 cm Holzstücke.
Oben leimst du das Führerhaus an die vorgesehene Stelle.
Oben vorne leimst du die Motorhaube auf das Brett.
Jetzt musst du nur noch die Räder festschrauben (wie es geht weißt du schon) und das 4 mm Rundholz in das 20 mm Holzrad hämmern (das ist die Kupplung).
Nun kannst du den Anhänger mit der Kupplung am Schlepper befestigen.
Die Holzmännchen musst du ein wenig abschleifen, damit sie in die Bohrungen passen. Schon können sie einsteigen und die Fahrt kann beginnen! (Bild 142 und 143)

142

143

Stopp!!! Gerade kam eine Meldung über Funk, ihr sollt die Straßenwalze und den Frontlader zur Großbaustelle bringen!

Phantasiefahrzeuge (Bild 144, 145 und 146)

Wie stellst du dir dein Phantasiefahrzeug vor?
Wäre es nicht toll, mit so einem Fahrzeug nicht nur durch deine Träume zu fahren, sondern durch die Realität.
Was würdest du da alles erleben?
Auf alle Fälle müssen deine Freunde mit ins Abenteuerland.
Wir werden uns dort treffen, denn ich bin auch schon unterwegs dort hin. Bis gleich.

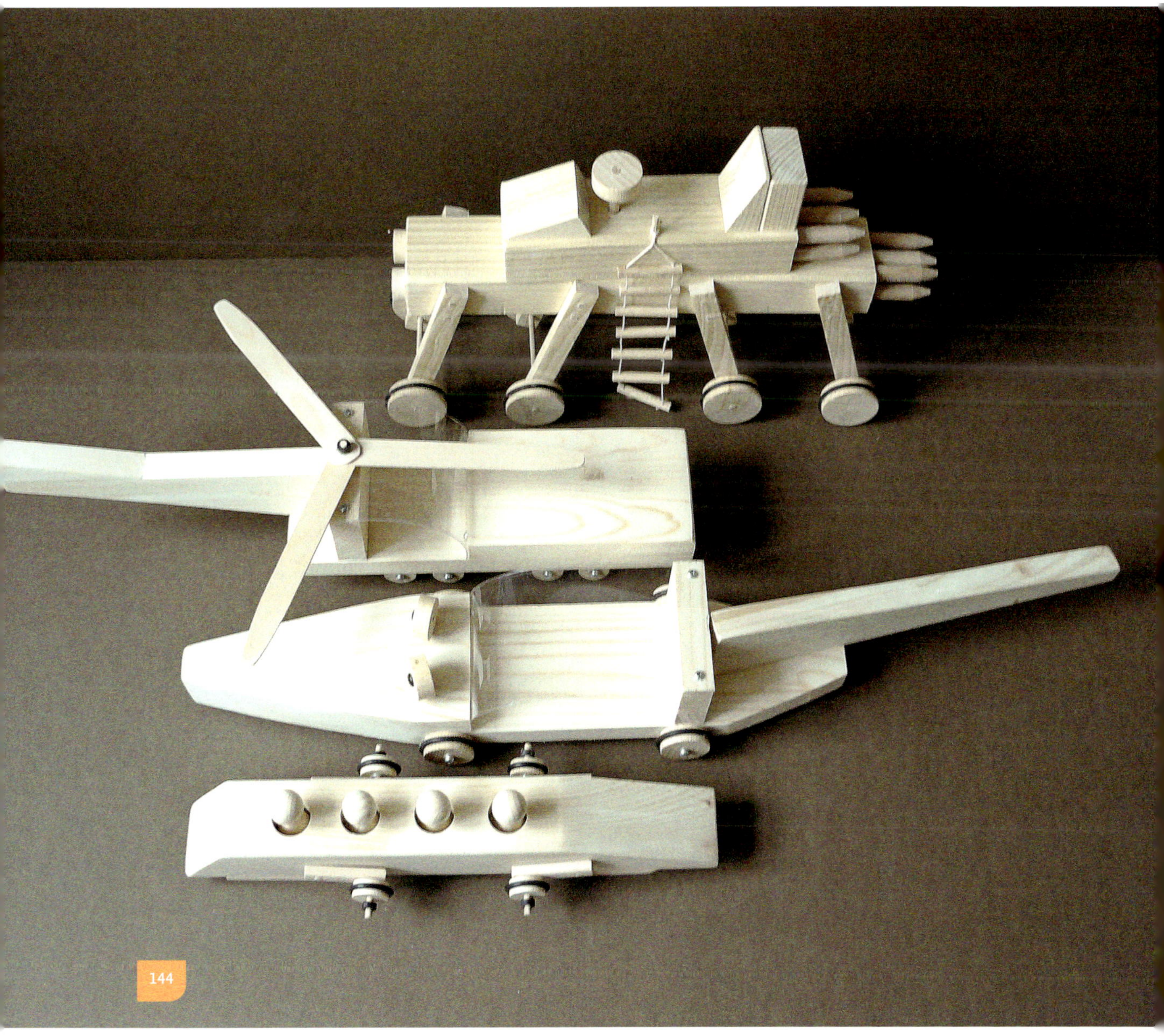

144

146

145

147

** Luftwagen (Bild 147 und 148)

Material

Auto
Brett 25 x 8 x 1,8 cm
Brett 14 x 8 x 1,8 cm
Brett 8 x 5 x 1,8 cm
Heckausleger
Brett 20 x 5 x 1,8 cm
Windschutzscheibe
PET Folie 0,8 mm 10,5 x 8 cm (Baumarkt)
4 Halbrund-Holzschrauben 3 x 20

Fahrgestell
Brett 15 x 5 x 2 cm
8 Holzräder mit Gummireifen 20 mm ∅
8 Halbrund-Holzschrauben 3 x 30
16 Unterlegscheiben M3

Rotor
Flugzeugsperrholz 2 mm, 3 x 15 x 2 cm
2 Unterlegscheiben M4
2 Gummiringe mit 3 mm Innendurchmesser
Rundholz 4 mm ∅, 3,5 cm lang

Arbeitsanleitung (Bild 149)
Befestige die Windschutzscheibe an dem 14 cm langen Brett. Dazu bohrst du mit 2,5 mm durch die PET Folie in das Holz und drehst anschließend die kurzen Holzschrauben ein.

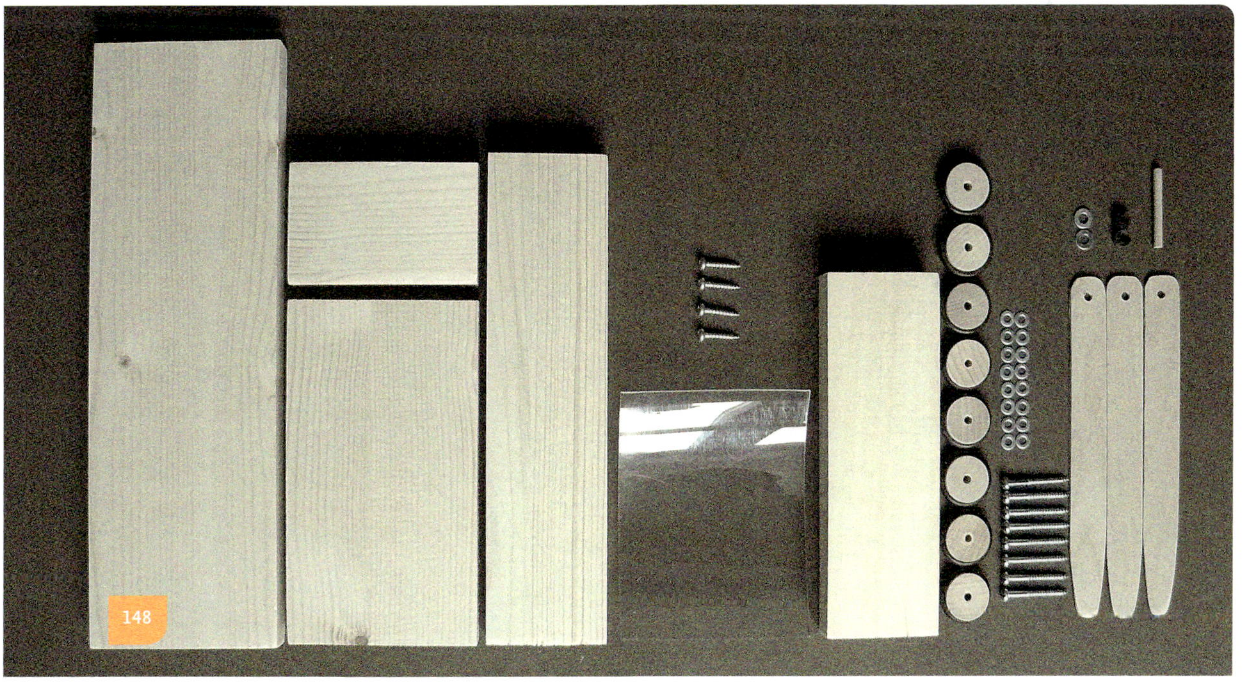

148

149

Leime dieses Brett nun auf das 25 cm lange Brett.
Zeichne auf dem 20 cm langem Holz den Heckausleger auf (siehe Bild 149) und säge ihn aus. Das schraffierte Holzstück brauchst du nicht. Die beiden anderen Teile schleifst du und leimst sie aufeinander.
Das 8 x 5 cm Holz leimst du nun 3 cm vom hinteren Ende auf das Fahrzeug und befestigst die Windschutzscheibe mit zwei kurzen Holzschrauben darauf.
Damit du später den Rotor darauf befestigen kannst, bohrst du jetzt oben in die Mitte mit 4 mm ein Loch und hämmerst anschließend das 4 mm Rundholz hinein.
Leime den Heckausleger hinten auf das Auto.
In das Fahrgestell (15 x 5 x 2 cm) bohrst du die Löcher für die Schrauben der Räder mit 2,5 mm.
Der Abstand der Bohrungen: 1,5 cm vom Rand, das nächste 3 cm weiter.
Leime unten in die Mitte das Fahrgestell.
Aus dem Flugzeugsperrholz formst du durch abschleifen die Rotorblätter.
Danach legst du sie aufeinander und bohrst mit 4 mm durch sie durch.
Gib auf das Rundholz eine Unterlegscheibe und einen Gummiring. Danach kommen die drei Rotorblätter, wieder eine Unterlegscheibe und zum Schluss ein Gummiring.
Schraube jetzt die Räder an das Fahrzeug, gib auf die Schraube eine Unterlegscheibe, dann das Holzrad und danach nochmals eine Unterlegscheibe.
Nun drehst du die Schraube in die Bohrung.

Ist er nicht toll geworden, dein Luftwagen? Die Rotorblätter lassen sich übereinander schieben, wenn du mit dem Fahrzeug fährst. Aber sobald du ein Hindernis überqueren musst, vielleicht einen Stau oder sogar einen Fluss, dann fahr sie doch einfach aus. Die anderen werden staunen, wenn du abhebst!

150

151

**Krokomobil (Bild 150, 151 und 152)

Material

Brett 41 x 8 x 1,8 cm
Brett 17 x 8 x 1,8 cm
Brett 8 x 5 x 1,8 cm
Brett 28 x 5 x 1,8 cm
2 Holzräder 25 mm ∅
2 Ziernägel
3 Gummiringe mit 3 mm Innendurchmesser
Rundholz 4 mm ∅, 2 x 5 cm und 1 x 4 cm
4 Holzräder mit Gummireifen 30 mm ∅
4 Halbrund-Holzschrauben 3 x 20
4 Halbrund-Holzschrauben 3 x 30
8 Unterlegscheiben M3

Mit diesem Fahrzeug kannst du abenteuerliche Ausflüge in unwegsames Gelände wagen. Sogar vor Sumpfgebieten macht es nicht halt. Denn wenn es einmal mit den Rädern nicht mehr weiter geht, fängt das Krokomobil einfach zu schwimmen an.

Arbeitsanleitung (Bild 153)

Als erstes musst du in das 17 cm lange Brett die Löcher zur Befestigung der Windschutzscheibe bohren. Leime nun dieses Brett auf das 41 cm lange Brett, zeichne dann die Form auf und säge aus.

152

Zeichne ebenfalls die Bohrungspunkte für die Augen und den Schwanz auf und bohre sie mit 4,2 mm.
Das 28-cm-Brett wird der Schwanz. Bevor du ihn sägst, musst du das Loch für das Rundholz bei 1,3 cm mit 4 mm bohren (nach dem Sägen liegt das Holz schief und du kannst nicht mehr gerade bohren).
Nun zeichne die Sägekannte auf und säge diagonal durch das Holz.
Nach dem Sägen schleifst du alle Kanten und Flächen und hämmerst zum Schluss das 4 cm Rundholz in die Bohrung (es muss noch 2,2 cm herausragen).
In die Holzräder (Augen) musst du unten ein Loch bis zum Mittelpunkt mit 4 mm bohren.
Nun hämmerst du die 5-cm-Rundhölzer in diese Bohrungen, so dass sie die Mittelbohrung verschließen. In diese hämmerst du nun die Ziernägel (sollten die Nägel zu lang sein und hinten über die Räder hinaus ragen, kannst du sie mit der Feile abschleifen).
Jetzt befestigst du die Windschutzscheibe vorne am Fahrzeug mit den 3 x 20 mm Schrauben.
Danach darfst du erst das 8 x 5 cm Holz hinten auf das Fahrzeug leimen.
Nach dem Trocknen kannst du darauf ebenfalls wie vorne die Windschutzscheibe befestigen.
Bohre die Löcher für die Räder mit 2,5 mm (siehe Bild).
Schraube die Räder fest, schiebe zuerst eine Unterlegscheibe auf die Schraube, dann das Holzrad und danach nochmals eine Unterlegscheibe.
Befestige jetzt die Schraube am Fahrzeug.
Die Augen steckst du durch die Bohrungen und gibst einen Gummiring unten auf das Rundholz, so dass sie nicht herausrutschen, sich aber noch drehen können.
Befestige den Schwanz ebenso und dein Krokomobil ist startklar!

154

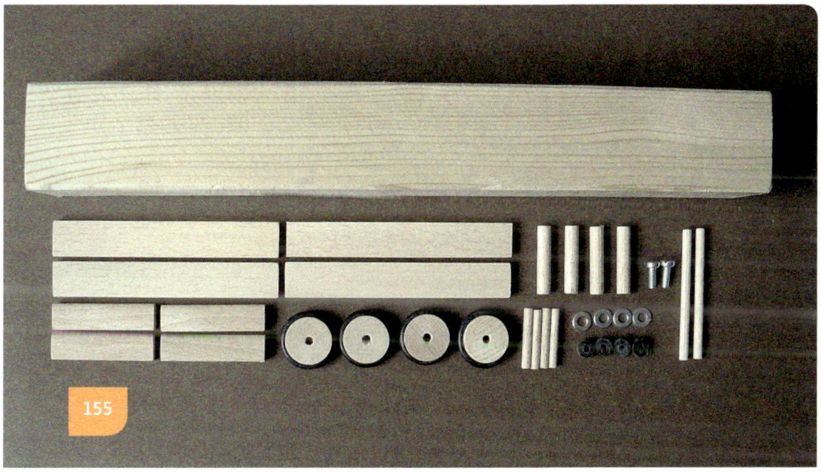

155

*** Schlittenauto (Bild 154 und 155)

Material

Fahrzeug
Kantholz 43 x 43 mm, 31 cm lang

Skier
4 Leisten 15 x 5 mm, 10 cm lang
4 Rundhölzer 6 mm ∅, 3 cm lang

Räder
4 Leisten 10 x 5 mm, 4,5 cm lang
4 Holzräder mit Gummireifen 20 mm ∅
Rundholz 4 mm ∅, 4 x 2,5 cm und 2 x 6 cm lang
4 Unterlegscheiben M4
4 Gummiringe mit 3 mm Innendurchmesser
2 Zylinderkopfschrauben M4 x 10

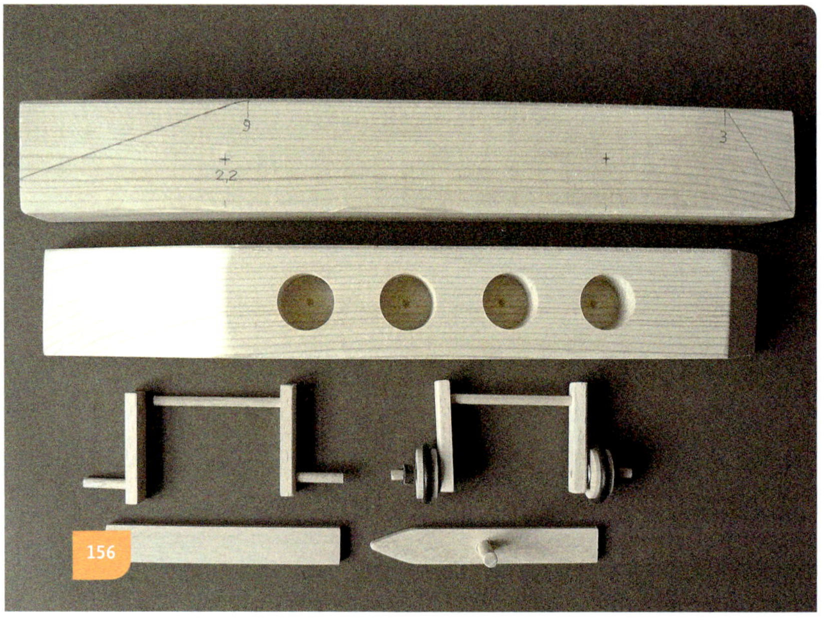

156

Arbeitsanleitung (Bild 156)
Zeichne auf das Kantholz die Sägekanten und Bohrungspunkte auf (Maße siehe Bild).
Bohre die Löcher mit 4,2 mm durch das Holz. In diese Bohrungen kommen die Achsen der Räder.
Säge anschließend vorne und hinten an der Linie die Form des Fahrzeuges aus und schleife alle Kanten und Flächen.
Bohre oben die Löcher für die Holzmännchen mit 20 mm und schleife die Männchen wieder etwas ab (die Bohrungen sind 4 cm auseinander).
Nun musst du unten die Bohrungspunkte zum Befestigen der Skier aufzeichnen und mit 6 mm bohren. Sie liegen 8 cm und 8 mm vom Rand entfernt.
Die 4,5 cm langen Leisten sind die Befestigung für die Räder. Bohre zwei Löcher mit 4 mm hinein. Sie sollen 7 mm vom Rand entfernt sein.
Jetzt hämmerst du in jede Leiste in die untere Bohrung ein kurzes Rundholz und jeweils in zwei von ihnen entgegengesetzt zum kurzen Rundholz ein langes Rundholz.
Befestige die Räder, gib jeweils eine Unterlegscheibe auf jedes kurze Rundholz, dann kommen die Räder und zum Schluss schiebst du die Gummiringe auf (lass etwas Abstand, dass sich die Räder noch gut drehen können).
Stecke die langen Rundhölzer durch die Bohrungen im Fahrzeug und befestige auf der anderen Seite die Leiste mit dem Rad (achte darauf, dass die Leisten parallel laufen).
Die Räder klappen noch zusammen. Richte sie senkrecht aus und bohre mit 4 mm weiter unten (aber nur auf einer Seite) in die Leiste und noch 5 mm in das Fahrzeug.
Jetzt kannst du die beiden Schrauben in die Bohrungen stecken. Jetzt sind die Räder gegen das herunterklappen gesichert (Bild 157 und 158).
Ziehe die Schrauben wieder heraus, klappe die Räder hoch und stecke dann die Schrauben wieder in die Bohrungen.
Das Fahrzeug soll ja noch Skier bekommen.

157

158

Säge den 10 cm langen Leisten eine Spitze und schleife sie.
Bohre in ihre Mitte mit 6 mm ein Loch und hämmere die 6 mm Rundhölzer hinein.
Hämmere die Skier in die Bohrungen unten in das Auto und die Fahrt kann beginnen!

Das Schlittenauto ist das ideale Fahrzeug im Winter. Plötzlicher Schneefall hindert dich nicht am weiterfahren, nein, du drückst auf einen Knopf im Auto und schon klappen die Räder nach oben und du stehst auf Schlittenkufen und die Fahrt kann weiter gehen.
Außerdem bietet es Platz für vier Personen. Also kannst du noch deine Freunde mit nehmen. Ihr könnt eine Expedition zum Nordpol unternehmen oder einfach den nächsten Schneehügel hinunterrutschen.
Hast du Lust bekommen? Dann fang doch gleich an, damit dein Schneeauto beim ersten Schneefall einsatzbereit ist!

159

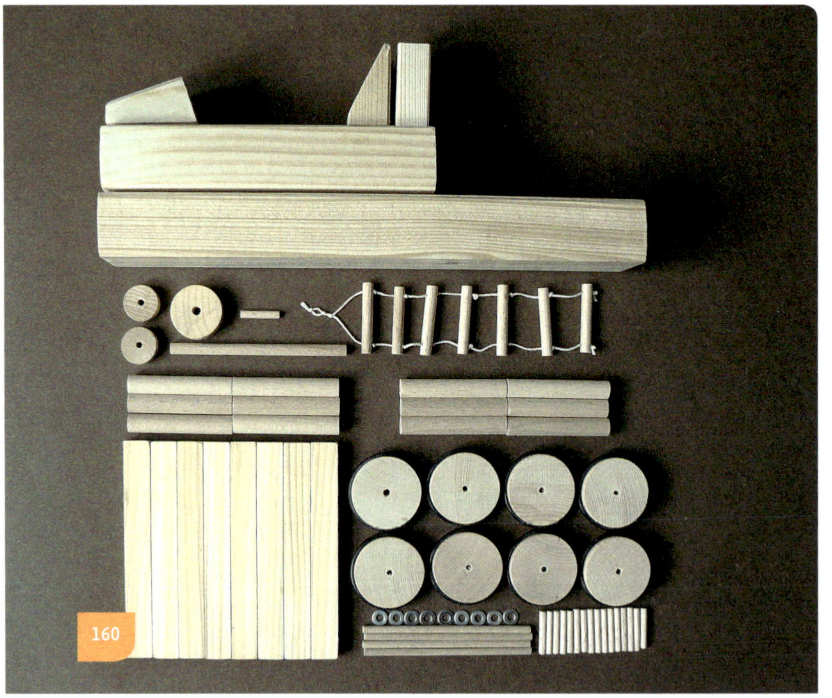

160

*** Raketenauto (Bild 159 und 160)

Material

Auto
Holzreste
Kantholz 34 x 54 mm, 18 und 30 cm lang

Lichter
2 Holzräder 20 mm ∅

Lenkung
Holzrad 30 mm ∅
Rundholz 6 mm ∅, 10 cm lang
1 Strickleiter aus 6 mm Rundhölzern
Um sie zu befestigen ein 4 mm Rundholz

Raketenantrieb
12 Rundhölzer 10 mm ∅, 6 cm lang

Stelzenräder
8 Leisten 15 x 10 mm, 12 cm lang
8 Holzräder 40 mm ∅ mit Gummireifen
8 Unterlegscheiben M4
Rundholz 4 mm ∅, 4 x 9,7 cm und 16 x 2,5 cm lang

Arbeitsanleitung (Bild 161)
Zeichne auf dem 18 cm langen Kantholz die Bohrungen für die Lenkung bei 7 cm an und bohre mit 6,5 mm durch das Holz.
Bohre anschließend mit 4 mm bei 9 cm das Loch für das Rundholz der Strickleiter.
Bohre nun durch das 30 cm Kantholz mit 6 mm bei 13 cm das Loch für die Lenkung und hämmere das 10 cm lange Rundholz hinein.
Bohre bei beiden Kanthölzern hinten die Löcher für den Raketenantrieb (je 6 Löcher mit 10 mm).
Spitze die 12 Rundhölzer an (es geht mit einem Spitzer für Dickis).
Hämmere die Rundhölzer in die Bohrungen.
Leime die Holzreste auf das Führerhaus und hämmere das Rundholz für die Strickleiter hinein.
Bohre seitlich in das lange Kantholz die Löcher für die Stelzen mit 4 mm, 1,5 cm tief, und hämmere die kurzen Rundhölzer hinein (sie müssen noch 1 cm heraus ragen).
Maße: 3 cm und dann immer 8 cm.
Zeichne auf die Stelzen die Bohrungspunkte.
Maße: 1 cm → + 8,5 cm → + 1,5 cm → +
Bohre das erste Loch mit 4,2 mm (Bohrung für Achse der Räder).
Das zweite Loch bohrst du noch nicht. Es wird erst gebohrt, wenn die Stelzen am Fahrzeug befestigt sind und du sie ausgerichtet hast.
Das dritte Loch bohrst du mit 4 mm (Bohrung zur Befestigung am Fahrzeug).
Hämmere die Stelzen auf die Rundhölzer am Fahrzeug.
Befestige an der unteren Bohrung der Stelzen die Räder. Dazu hämmerst

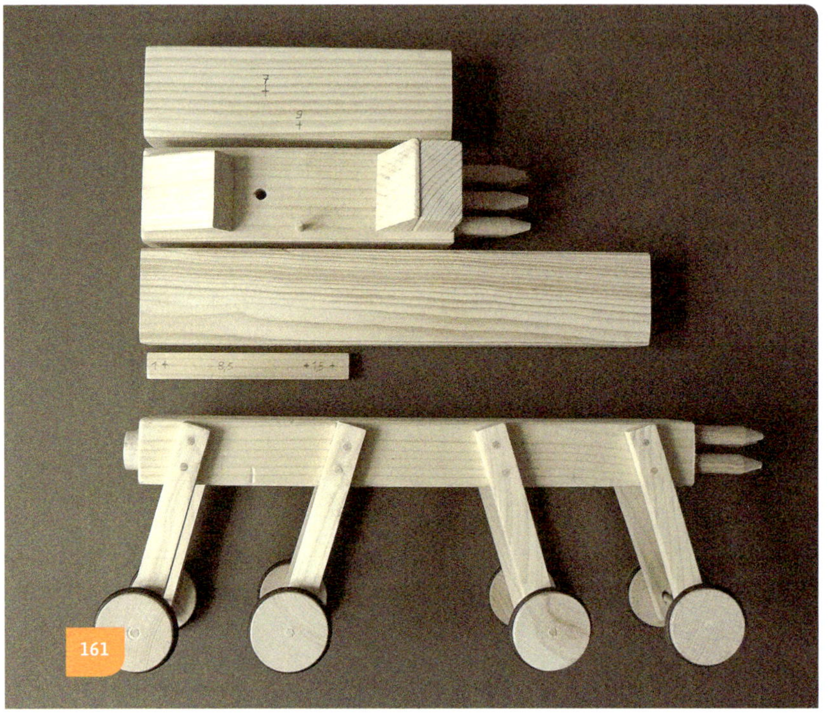

161

du jeweils ein 9,7 cm langes Rundholz in ein Holzrad, gibst eine Unterlegscheibe darauf, schiebst es durch die Bohrung, gibst auf der anderen Seite eine Unterlegscheibe darauf und hämmerst das andere Rad auf.
Nun kannst du die Stelzen so ausrichten, wie schräg du sie haben möchtest.
Nach dem Ausrichten kannst du jetzt die anderen Löcher in die Stelzen und das Fahrzeug bohren.
Bohre wieder mit 4 mm etwa 2,5 cm tief und hämmere dann die Rundhölzer hinein.
Diese zweite Befestigung ist notwendig, weil sich die Stelzen sonst zu leicht verschieben.
Leime vorne die 20 mm Holzräder als Lichter auf.
Schiebe das Führerhaus auf das Rundholz des Fahrzeuges.
Hämmere nun das 30-mm-Holzrad als Lenker darauf.
Das Führerhaus lässt sich nach allen Seiten bewegen.
Gib die Strickleiter auf das kleine Rundholz, klettere nach oben und fahr los zu deinem ersten Abenteuer!

Rennautos

⋆ Flotter Flitzer (Bild 162 und 163)

Material
Lindenholz 2 x 3 cm, 25 cm lang
4 Holzräder mit Gummireifen 20 mm ∅
Rundholz 4 mm ∅, 2 x 4 cm und 1 x 3 cm
4 Unterlegscheiben M4
Holzkugel 20 mm ∅

Arbeitsanleitung (Bild 164)
Zeichne auf dem Lindenholz die Form des Autos auf, du kannst auch eine eigene Form wählen.
Nun säge an den Linien den Flitzer aus und schleife ihn anschließend.
Bohre die Löcher für die Achsen mit 5 mm vorne bei 8 cm und hinten bei 5 cm.

162

163

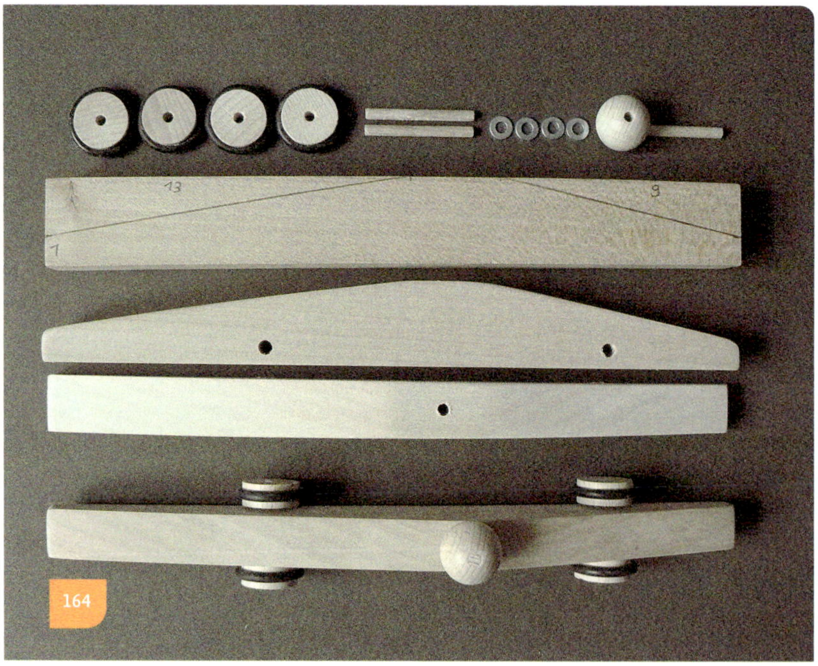

164

Oben bohrst du mit 4 mm das Loch für das Rundholz des Männchens.
Baue die Räder an das Auto und hämmere das kurze Rundholz in die Holzkugel. Stecke es oben in die Bohrung des Autos und der Flitzer kann losbrausen.
Wenn du dein Auto farbig machen möchtest, musst du die Räder und das Männchen noch mal abbauen.
Male das Auto von allen Seiten an, ziehe die Gummireifen von den Rädern, stecke sie auf die Achsen und male sie an.
Male die Holzkugel an. Wenn die Farbe trocken ist, malst du das Visier auf
Wenn die Farbe auf allen Teilen schön trocken ist, kannst du das Rennauto wieder zusammen bauen.

** Old Runner (Bild 165, 166, 167 und 168)

Material
Lindenholz 5 x 2 cm, 25 cm lang
4 Holzräder mit Gummireifen 30 mm ∅
Rundholz 4 mm ∅, 2 x 7,3 cm und 1 x 3 cm lang
Holzkugel 20 mm ∅
4 Unterlegscheiben M4

165

166

167

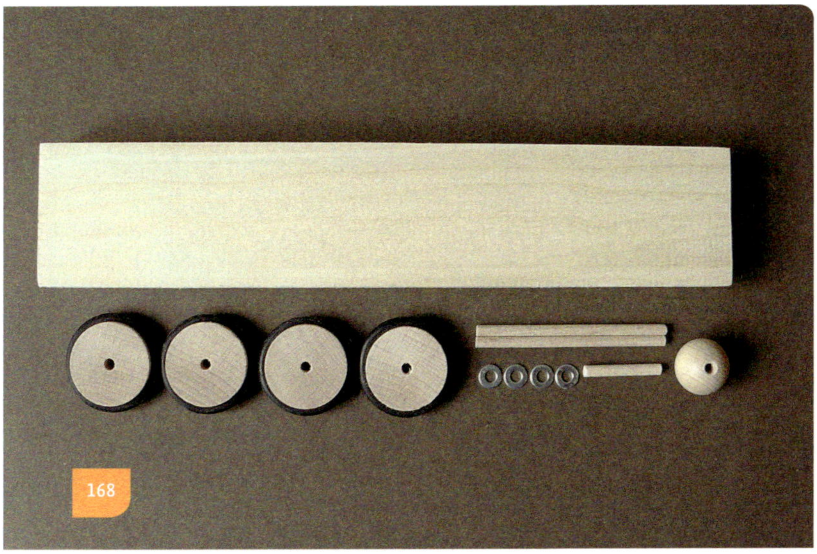

168

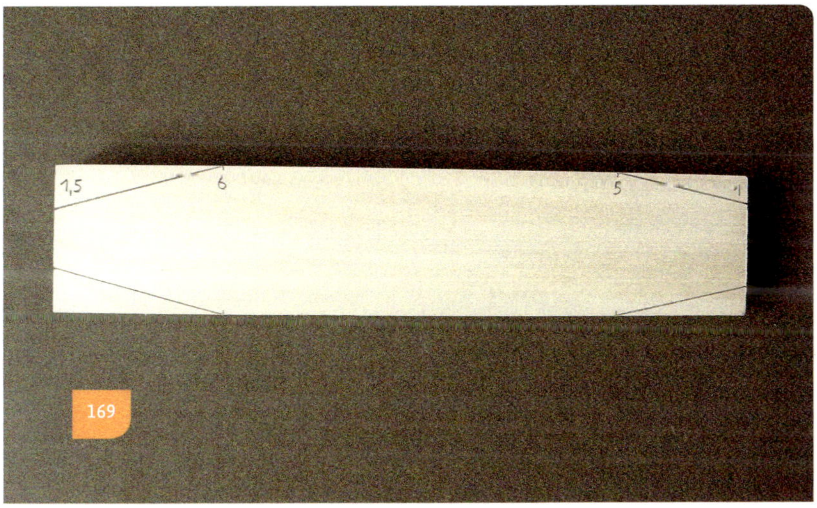

169

170

Ich habe mir Bilder von alten Rennautos angesehen. Danach wollte ich so ein Auto im Miniformat aus Holz bauen. Ich finde es hat eine schöne klare Form. Das hatten die alten Autos eigentlich alle damals.

Arbeitsanleitung (Bild 169 und 170)
Übertrage die Maße auf das Holz.
Säge die vier Ecken ab.
Bohre die Löcher für die Achsen: hinten, das ist auf dem Bild links, bei 5 cm und einer Höhe von 7 mm und vorne bei 6 cm.
Oben bohrst du das Loch für das Männchen, von links bei 10 cm in der Mitte 1 cm tief mit 4,2 mm.
Jetzt runde alle Kanten mit der Raspel.
Dabei brauchst du viel Geduld, denn es ist viel Arbeit, bis man es geschafft hat.
Anschließend schleifst du alle Kanten und Flächen, bis das Holz ganz glatt und glänzend ist.
Hier gilt das gleiche wie für das Raspeln, aber die Geduld lohnt sich. Denn erst durch Raspel und Schleifpapier bekommt dieses Fahrzeug seine schöne Form.
Das 3 cm lange Rundholz hämmerst du in die Holzkugel. Das ist der Fahrer.
Wenn du das Auto bemalen möchtest, dann mach es jetzt. Welche Farbe gefällt dir und welche Nummer soll dein Auto bekommen. Du kannst auch etwas auf das Auto schreiben.
Nun baust du die Räder an das Auto. Gib zwischen Auto und Räder jeweils wieder eine Unterlegscheibe.
Setze den Fahrer in das Auto und das Rennen kann beginnen!

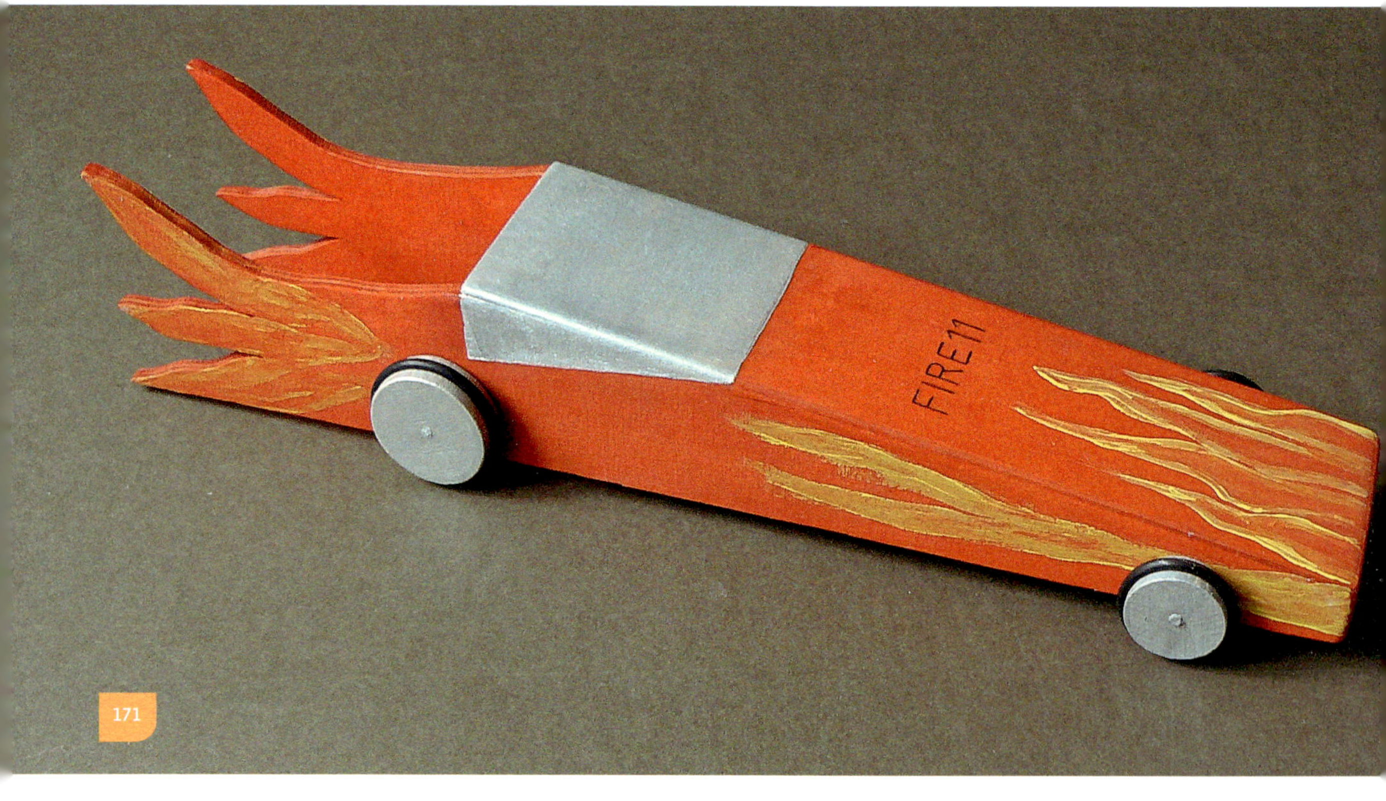

171

172

*** Schnelles Rennauto (Bild 171, 172 und 173)

Ein Rennauto das mit oder ohne Gummimotor schnell über den Fußboden saust. Das tolle an dem Fahrzeug sind die vielen Gestaltungsmöglichkeiten die du hast. Schon beim Aufzeichnen entscheidest du wie dein Rennauto aussehen wird. Und nach dem Zusammenbau geht`s erst richtig los, denn jetzt kannst du mit Farben das endgültige Aussehen des Fahrzeuges bestimmen.

Material (Bild 174)
Multiplex 6 mm, 40 x 10 cm
Flugzeugsperrholz 2 mm, 29 x 7,3 cm
2 Leistenstücke 12 mm, kann aber auch dicker sein, 6 x 4 und 6 x 2 cm
2 Holzräder mit Gummireifen 40 mm ∅
2 Holzräder mit Gummireifen 30 mm ∅
Rundholz 4 mm ∅, 2 x 10 cm
4 Karosseriescheiben M4
1 kleiner Haken
1 Gummiring

173

Arbeitsanleitung (Bild 175 und 176)
Der erste Schritt bei dieser Arbeit ist der schwierigste. Du musst das Sperrholz diagonal teilen. Wenn du jemanden hast der das mit einer Elektrosäge machen kann, dann lass es dir sägen. Auch mit der Japansäge ist es nicht einfach, so eine lange Strecke gerade zu sägen. Wenn dir diese Form gefällt, übertrage sie auf das Holz. Die Maße kannst du dem Bild entnehmen. Die Höhe der Achsen muss wegen der verschiedenen Größe der Räder unterschiedlich sein.
Die Bohrung vorne ist 12 cm, die Hintere ist 3,5 cm vom Rand entfernt. Wenn du die Maße auf ein Holz gezeichnet hast, legst du beide Teile aufeinander und machst sie mit Klemmen zusammen. Nur so werden beide Teile beim Aussägen ganz gleich.
Säge die Form aus, bohre die Löcher mit 5 mm und schleife anschließend alle Kanten.
In das kleine Leistenstück bohrst du mittig mit 2,5 mm ein Loch (nicht ganz durchbohren) und drehst den Haken ein.
Leime die beiden Leistenstücke wie auf dem Bild gezeigt auf (Bild 177). Jetzt leimst du das zweite Sperrholz darauf. Schiebe dazu die Achsstäbe durch die Bohrungen und richte das Holz so aus, das sich die Achsen gut drehen (Bild 178).

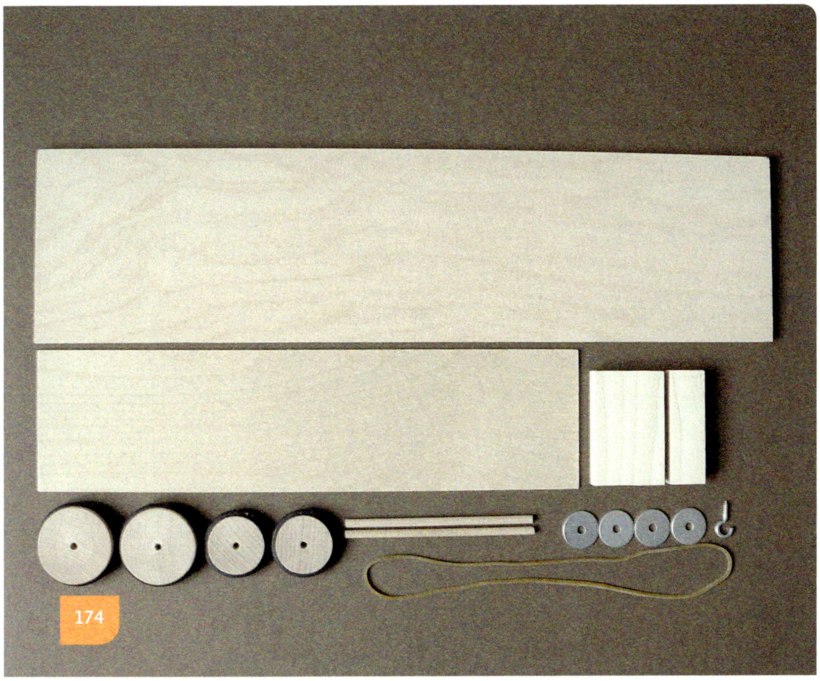

174

175

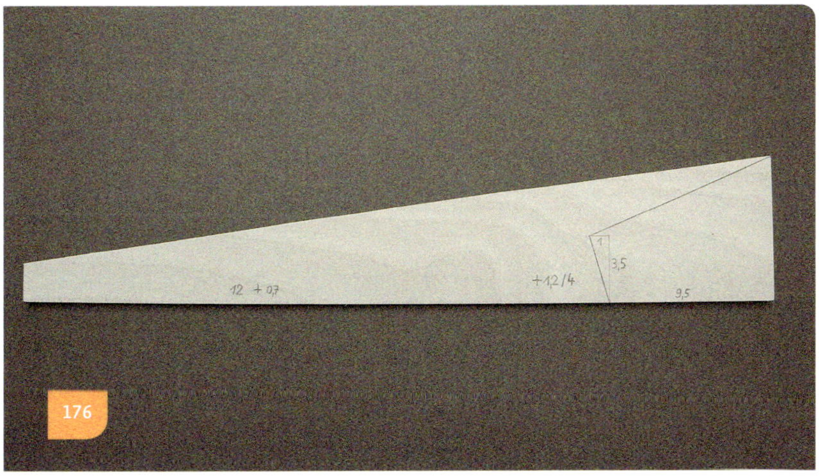

176

Leime das Flugzeugsperrholz auf die Oberseite des Rennautos, drehe es um und presse es kräftig mit Schraubzwingen (Bild 179).
Jetzt kannst du alle Flächen fein schleifen und die Kanten etwas runden. Wenn du es bemalen willst, mach es jetzt.
Befestige die Räder wie immer. Wenn du das Auto mit Gummimotor starten möchtest, befestige ihn wie auf dem Bild 180. Wenn du jetzt das Auto nach hinten ziehst, dreht sich der Gummi um die Achse und wenn du los lässt, flitzt es von selbst los.

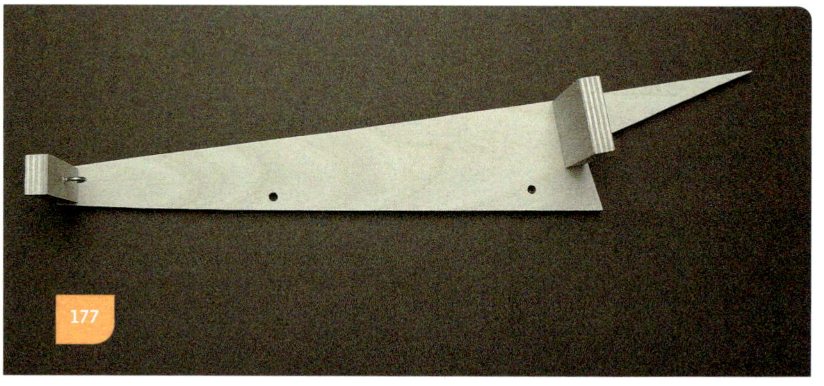

177

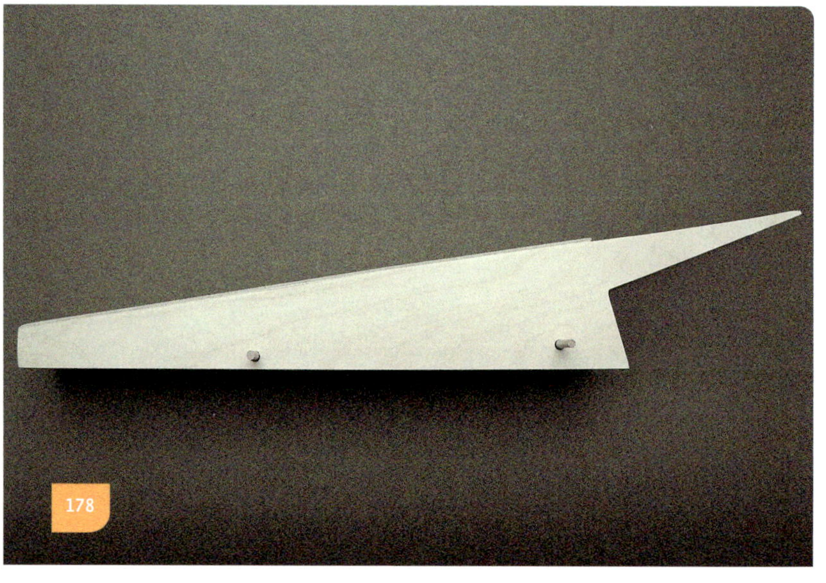

178

179

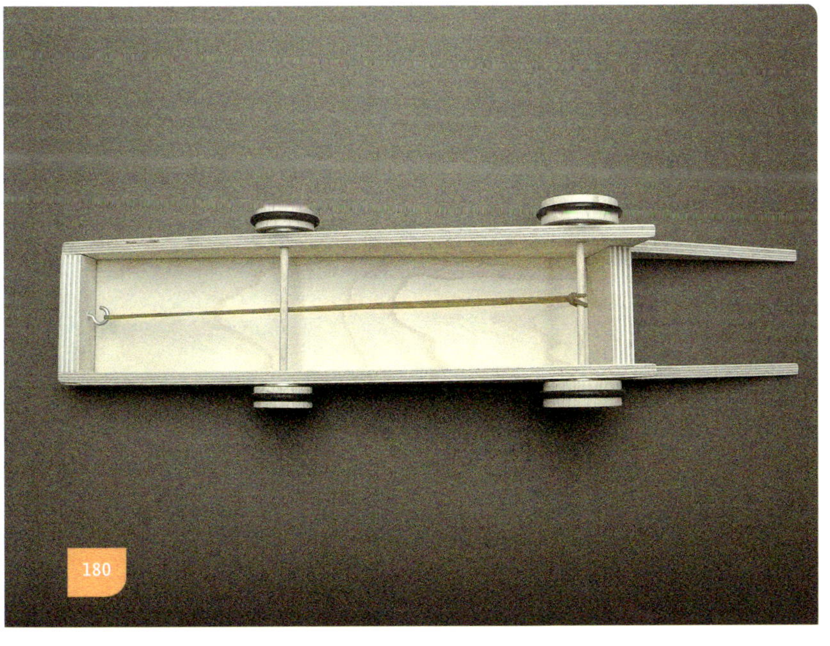

180

Service

Bezugsquellen

Werkbank
Zusammenklappbare Werkbänke
„Wolfcraft“ gibt's in den meisten Baumärkten, z. B. Bauhaus, OBI, Praktiker.
Werkbänke für Kinder können Kindertageseinrichtungen über Wehrfritz GmbH beziehen.
Adresse:
Wehrfritz GmbH – Postfach 1107 – 96473 Bad Rodach
August-Grosch-Straße 28-38 – 96476 Bad Rodach
Telefon-Vermittlung: 09564 929-0
Telefax: 09564 929-224 – E-Mail: wehrfritz@wefi.de

Werkzeug
Baumärkte, z. B. Bauhaus, OBI, Praktiker.
Fachgeschäfte für Handwerker und Hobbyhandwerker findest du in den Gelben Seiten oder im Internet.
Bei folgenden Firmen können Kindertageseinrichtungen bestellen:
Wehrfritz GmbH (Adresse steht unter Werkbank)
Winkler Schulbedarf
Mitterweg 16
94060 Pocking
Tel: 0180-5060150
Fax: 0180-5060160
www.winklerschulbedarf.com
Sophie Braun GmbH & Co. KG
Schulbedarf für Handarbeit + Werken
Robert-Koch-Straße 14
85435 Erding
Tel: 08122-90992-0
Fax: 08122-90992-22
E-Mail: braun@schulbedarf.de

Japansägen
Fachgeschäfte für Handwerker und Hobbyhandwerker (Internet, Gelbe Seiten).
Magma
A-4971 Aurolzmünster
Schloßstraße 35
Tel: +43-7752-880 600
www.magma-tools.de
Dick GmbH
Donaustraße 51
94526 Metten
Tel: +49 991 9109-0
www.dick.biz

Arbeitshandschuhe für Kinder
Dehner, Bauhaus, Praktiker

Nass- und Trockensauger
Baumarkt

Holz
Die meisten Baumärkte haben einen Zuschnitt-Service, dort kannst du dir das benötigte Holz bereits passend sägen lassen (Mindestmaß: ca. 12 x 12 cm).
Frag dort nach Reste- und Abfallholz, dass beim Zuschnitt anfällt. Für dich sind kleinere Holzstücke ideal zum Ausprobieren. Verwende aber keine Spannplatten, weil sie sich nicht gut für Spielzeug verarbeiten lassen.
Bauhaus hat in seinem Sortiment eine große Auswahl an Buchenleisten, die sich besonders gut für den Spielzeugbau eignen.
Lindenholz gibt's in Bastelgeschäften oder im Schnitzbedarf, außerdem über Winkler Schulbedarf und Sophie Braun GmbH (Adressangabe beim Werkzeug).
Ist eine Möbelschreinerei in deiner Nähe, schau dort einmal vorbei und frag nach Resteholz.

Holzräder und Zubehör, Holzleim, Kleber und Farben
Baumarkt, Bastelgeschäft, Winkler Schulbedarf, Sophie Braun GmbH

Monika Kern ist Betreuerin in einer Kindertagesstätte. Dort baut sie mit den Kindern regelmäßig Holzspielzeug.

Titelfoto: Monika Kern
Bibliografische Information der Deutschen Nationalbibliothek
Die Deutsche Nationalbibliothek verzeichnet diese Publikation in der Deutschen Nationalbibliografie; detaillierte bibliografische Daten sind im Internet über http://dnb.d-nb.de abrufbar.

Wollgrasweg 41, 70599 Stuttgart (Hohenheim)
E-Mail: info@ulmer.de
Internet: www.ulmer.de
Lektorat: Werner Baumeister
Herstellung: Gabriele Wieczorek
Umschlagentwurf: Atelier Reichert, Stuttgart
Satz: Typomedia GmbH, Ostfildern
Druck und Bindung: Firmengruppe APPL, aprinta druck, Wemding
Printed in Germany

ISBN 978-3-8001-5748-8